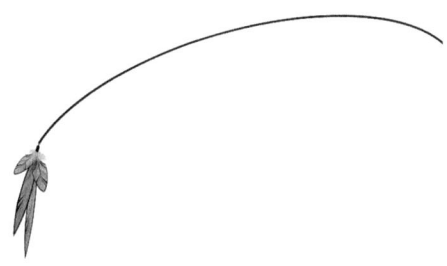

Christine Hauschild

Spielstrategien für Stubentiger

Ausgeglichenheit und Spaß im Katzenalltag

Bibliografische Informationen der Deutschen Nationalbibliothek:

Die Deutsche Nationalbibliothek verzeichnet diese Publikation in der Deutschen Nationalbibliografie; detaillierte bibliografische Daten sind im Internet über http://dnb.d-nb.de abrufbar.

Alle Angaben in diesem Buch erfolgen nach bestem Wissen und Gewissen. Sorgfalt bei der Umsetzung ist dennoch geboten. Der Verlag und die Autorin übernehmen keinerlei Haftung für Personen-, Sach- oder Vermögensschäden, die aus der Anwendung der vorgestellten Materialien und Methoden entstehen können.
Die in diesem Buch zusammengestellten Informationen stellen keinen Ersatz für eine tierärztliche oder tierpsychologische Untersuchung dar.

Alle Rechte vorbehalten. Nachdruck oder Vervielfältigungen, auch auszugsweise, egal in welcher Form, bedürfen der schriftlichen Zustimmung der Autorin.

Spielstrategien für Stubentiger - Ausgeglichenheit und Spaß im Katzenalltag
© Christine Hauschild 2017

Coverillustrationen:	Iwon Blum, www.iwonblum.ch
Bilder:	Happy Miez-Logo S. 1: © Christine Hauschild
	Fotos: © Christine Hauschild
	Aufzählungspfötchen: © Marco Birn - Fotalia.com
	andere Illustrationen: Iwon Blum
Lektorat:	Christina Nissen
Umschlagsgestaltung:	Christine Hauschild
Gestaltung:	Christine Hauschild
Herstellung und Verlag:	BoD - Books on Demand GmbH, Norderstedt
ISBN:	9783743178755

Inhalt

Spielen für die Katz   **9**

   „Risiken und Nebenwirkungen" von Spiel   12

―――――――――― Teil 1 ――――――――――

„Spieltheorie" für die Katz   **17**

   Game oder Play?   17
   Jagd, Spiel, Erkundung   18
   Voraussetzungen für Spiel   20
   Nur für junge Katzen? Die Funktionen von Spiel   22
   Was macht Spiel aus?   23

Spiel ist nicht gleich Spiel   **27**

   Beutefangspiele   27
   Verfolgungsspiele   28
   Raufspiele   30
   Solitär- vs. Sozialspiele   31
   Geschlechtsspezifische Vorlieben   32
   Woran erkennt man Spiel?   34

Jagdverhalten als Vorbild für Spiel mit der Katze   **39**

   Beutetiere der Katze   39
   Was löst Jagd aus?   42
   Elemente einer Jagdsequenz   46
   Verhalten der Beutetiere   55
   Jagd als Teamsport?   58
   Was kann das Spielvergnügen bremsen?   63

 **Teil 2**

Gemeinsames Spiel: Beutefangspiele — 71

    Verschiedene Spielelemente fördern — 71
    Ablauf einer gemeinsamen Spieleinheit — 76
    Spaßfaktor: Welche Ideen hat Ihre Katze? — 86
    Gute Spielbeute — 87
    Exkurs: Verteidigung des Spielzeugs — 89
    Bewegungsvariationen mit interaktiven Spielzeugen — 91
    Ideen für Spielzeuge — 93

Gemeinsames Spiel: Rauf- und Verfolgungsspiele — 99

    Empfehlungen für Verfolgungs- und Raufspiele mit der Katze — 100
    Verfolgungsspiele mit Ihrer Katze: „Fangen" — 102
    Raufspiele mit Ihrer Katze — 108

Besondere interaktive Spielarten — 117

    Laserpointer / LED — 117
    Wasserspiele — 118
    Interaktive Futterspiele — 124

Hilfe zur „Selbstbeschäftigung" — 131

    Solitärspiel spannend machen — 131
    Erkundungsverhalten — 132
    Futterspiele zur Alleinbeschäftigung — 137
    Automatikspielzeuge — 144

Noch einmal: Schwer bespielbare und nimmermüde Katzen — 147

Teil 3

Praktische Tipps zur Organisation — 151

- Wie oft & wann? — 151
- Wo? — 153
- Rituale — 153

Sicheres Spielen — 157

- Mögliche Gefahren und Risiken — 157
- Gefahrenprävention — 158

Viel Vergnügen! — 161

Literatur — 163

Anhang: Beutetiere der Katze - Größensilhouetten — 165

Über die Autorin — 169

- Zum Weiterlesen — 170

Für Monty.

Mögest du immer fröhlich unterwegs sein und gesund und munter nach Hause kommen.

Spielen für die Katz

Dieses Buch widmet sich einem Thema, das eng mit dem Wohlbefinden der Katze verbunden ist: dem Spiel. Einerseits lassen Aktivität und Spielbereitschaft der Katze Rückschlüsse auf ihre Stimmungslage zu, andererseits können wir als Halterinnen durch individuell angepasste Beschäftigungsangebote für Stimmungsverbesserung und Wohlgefühl im Katzenalltag sorgen.

Tatsächlich ist das jedoch oft leichter gesagt als getan. Viele Menschen bekommen auf ihre Spielangebote hin von ihren Katzen erst einmal nicht viel mehr als einen müden Blick. Verständlich, dass das nicht besonders motivierend wirkt. Gleichzeitig werden die Reaktionen der Katzen auf Spielangebote aber häufig etwas vorschnell als Desinteresse interpretiert.

Stellen Sie sich einmal bildlich vor, wie Sie versuchen, Ihrer Katze ein Spielangebot zu machen. Wie würden Sie die folgenden Verhaltensweisen Ihrer Katze deuten?

🐾 Die Katze guckt das Spielzeug an, bewegt sich aber nicht.
   Ihre Interpretation: _____
   _____

🐾 Die Katze legt sich auf die Seite.
   Ihre Interpretation: _____
   _____

🐾 Die Katze reagiert nicht auf das Spielangebot.
   Ihre Interpretation: _____
   _____

Hier die typischen Interpretationen, die durchaus zutreffen können. Oftmals kommen aber auch andere Bewertungen des Katzenverhaltens in Betracht, z.B.:

- Die Katze guckt das Spielzeug an, bewegt sich aber nicht.

  Typisch: „Sie hat keine Lust."

  Alternativ: „Juhu, sie lauert. Offenbar findet sie die Spielbeute zumindest halbwegs interessant. Mal gucken, was passiert, wenn ich das Spielzeug kurz um die Sesselecke verschwinden lasse."

- Die Katze legt sich auf die Seite.

  Typisch: „Katze ist fertig mit Spielen."

  Alternativ: „Katzi muss sich kurz erholen. Also kleine Pause oder vielleicht erst einmal ein Wechsel zu ruhigerem Stocherspiel."

- Die Katze reagiert nicht auf das Spielangebot.

  Typisch: „Sie hat keine Lust."

  Alternativ: „Schauen wir doch mal, ob sie ein anderes Spielzeug oder eine andere Spielart gerade spannender findet!"

Die erstgenannten Interpretationen führen zu einer Beendigung des Spielversuchs und damit der aktuellen Interaktion zwischen Mensch und Katze. Die alternativen Interpretationsvorschläge können der Türöffner sein, um durch ein darauf angepasstes Angebot das gemeinsame Spiel zu verlängern oder erst richtig in Wallung zu bringen.

Prinzipiell ist es für Katzen normal, bis ins hohe Alter hinein zu spielen. Art, Dauer und Intensität der Spiele variieren dabei zwischen verschiedenen Individuen, unterscheiden sich aber z.B. auch nach Geschlecht, Gesundheitszustand und der Lebensform der Katze – Freigänger haben meist weniger Energie für Spielaktivitäten übrig als Wohnungskatzen. Für „arbeitslose" Wohnungskatzen stellt Spiel eine der wichtigsten Beschäftigungsmöglichkeiten dar. Im Spiel drückt sich Lebensfreude aus und es kann eine ausgleichende Wirkung auf die Katze haben.

Wenn eine Katze nicht (mehr) spielt, ohne dass es dafür einen guten Grund wie z.B. die tägliche mehrstündige Mäusejagd gibt, dann ist das ein Anlass zur Besorgnis (vgl. *Teil 1 – Jagdverhalten als Vorbild – Was kann das Spielvergnügen bremsen?*). Unsere Aufgabe als Katzenhalterin besteht dann darin herauszufinden, wodurch sie im Spiel gehemmt wird und wie wir diese spezielle Katze wieder für spielerische Aktivitäten gewinnen können.

Dafür ist es hilfreich, sich näher mit dem Thema Spiel zu beschäftigen. Denn der Mensch hat sich häufig noch gar nicht so richtig viele Gedanken um das Spielen mit Katzen gemacht. Man nimmt dafür halt ein Mäuschen oder eine Spielangel und dann geht es los – oder eben auch nicht, wenn die Katze nicht mitmacht. Tatsächlich ist das Spielverhalten von Katzen wesentlich variationsreicher und komplexer, als wir Menschen gemeinhin so annehmen. Damit Sie ein besseres Verständnis für das Spiel der Katze bekommen, beginnt Teil 1 dieses Buches mit einigen theoretischen Hintergrundinformationen: Was ist Spiel eigentlich und welche Funktionen hat es? Was für Spielarten gibt es bei Katzen überhaupt? Welche Verhaltenselemente gehören zum Spiel? Da Spiel und Jagd einige überschneidende Komponenten haben: Was können wir aus dem Jagdverhalten von Katzen lernen, um spannendes Spiel zu gestalten? Welche Voraussetzungen müssen erfüllt sein, damit eine Katze sich dem Spiel widmen kann, und wie lassen sich Hemmnisse beseitigen? Kurzum: wir zerlegen zunächst das Spiel in seine Einzelteile.

Diese werden in Teil 2 dann wieder zusammengesetzt, um verschiedene Möglichkeiten des Spiels mit der Katze bzw. ihrer Beschäftigung daraus abzuleiten. Dabei bekommen Sie zum einen konkrete Anregungen für interaktives Spiel mit Ihrer Katze inklusive Vorschlägen für Variationen und Bewegungsarten z.B. beim Einsatz von Spielangeln oder Spielstäben sowie zahlreiche Ideen, was sich als Spielzeug verwenden lässt. Anschließend folgen Kapitel, die sich mit Futterspielen und anderen spezielleren Spielvarianten sowie der Anregung der Katze zur Alleinbeschäftigung im Solitärspiel beschäftigen. Dabei geht es jederzeit vor allem darum, die Prinzipien des Katzenspiels zu verstehen, damit Sie immer wieder neu auf die individuellen Bedürfnisse und Wünsche Ihrer Katze eingehen können. Es gibt nicht das *eine* Spiel oder das *eine* perfekte Spielzeug, mit dem man alle Katzen jederzeit und dauerhaft glücklich machen könnte. Aber das wäre ja auch langweilig, oder? Da auch Spiel an sich nicht für jede Katze jederzeit *die* perfekte Beschäftigung darstellt, wird die Anregung zu Erkundungsverhalten am Ende des zweiten Teils als Ergänzung oder Alternative beschrieben.

Der dritte Teil greift schließlich praktische und organisatorische Fragen zur Spielhäufigkeit und -dauer auf, aber auch zu möglichen Gefahren, vor denen Sie Ihre Katze bewahren sollten. Falls Sie das Buch häppchenweise lesen und dabei schon direkt mit Ihrer Katze losspielen, blättern Sie ruhig kurz ans Ende. Das ist ausnahmsweise erlaubt.

Bevor es losgeht, noch einige Hinweise zu möglichen Risiken und Nebenwirkungen.

„Risiken und Nebenwirkungen" von Spiel

Regelmäßiges Spiel kann einen großen Effekt auf die emotionale Ausgeglichenheit und Zufriedenheit Ihrer Katze haben. Sie kann dabei Energie – überschießende Lebensenergie, aber auch Anspannung und Stress im weitesten Sinne – konstruktiv abbauen. Dadurch verringert sich das Auftreten negativer Emotionen wie Frustration oder Ärger und damit auch die Wahrscheinlichkeit daraus resultierender unerwünschter Verhaltensweisen, wie z.B. aggressivem Verhalten gegenüber Mitkatzen, übermäßigem Vokalisieren oder exzessivem Kratzen an Möbeln.

Während die Katze sich gerade auf eine vergnügliche Aktivität wie Spiel konzentriert, kann sie zudem nicht gleichzeitig ungute Gefühle haben und z.B. Angst empfinden. Spiel dient also nicht nur dem Abbau negativer Emotionen, sondern ist ein direkter emotionaler Gegenspieler. Steckt eine Katze in einer schwierigen Lebenssituation, tut es ihr gut, sich nicht nur mit ihren Problemen zu beschäftigen (z.B. der unfreundlichen Mitkatze oder dem beängstigenden Nachbarhund), sondern sich zwischendurch ausgelassen an etwas zu erfreuen. Im Spiel kann sie außerdem Erfolgserlebnisse sammeln, die dann dazu beitragen können, ihr Selbstvertrauen zu stärken und Ängstlichkeit zu verringern.

Ausgeglichenheit und Zufriedenheit entstehen aber nicht nur durch die körperliche, sondern vor allem auch durch die kognitive Auslastung: Einige Spiele, insbesondere Lauerspiele, sind durchaus als Denksport einzustufen, da sie mit großer Konzentration einhergehen und die Katze währenddessen zahlreiche Entscheidungen treffen muss: nämlich wann und wie sie sich am besten auf die Beute stürzen sollte.

Und die Zufriedenheit an sich wie auch der Abbau von Stress im Körper sowie die Bewegung im Spiel fördern die Gesundheit der Katze. Ihre Muskeln bleiben stark und trainiert – oder können es wieder werden. Ihre Gelenke bleiben geschmeidig und beweglich und das Herz-Kreislauf-System wird regelmäßig angeregt. Und vor allem bei zu Übergewicht neigenden Katzen nicht zu verachten: Sowohl Bewegung als auch Konzentration erhöhen den Kalorienverbrauch.

Katzen und Menschen können sich auf ganz unterschiedlichen Ebenen treffen. Wir können zu hauptamtlichen Futterspendern mutieren oder liebgewonnene Kuschelpartner werden. Wenn wir mit Katzen spielen, bekommen wir eine zusätzliche und äußerst positive Bedeutung. Gemeinsame Beschäftigung, gemeinsames Spiel scheint die Bindung vieler Katzen zu ihren Menschen zu vertiefen – das gilt umgekehrt natürlich ebenso. Gemeinsam zu spielen heißt, gemeinsam Spaß zu haben. Aus Sicht der Katze können wir so zu ausgewiesenen, absolut positiv verknüpften Vergnügungsbereitern werden – eine durchaus schöne Rolle!

Teil 1
Katzenspiel verstehen

„Spieltheorie" für die Katz

„Spieltheorie" für die Katz

Wenn es um das Spielverhalten einer Katze geht, ist Spiel nicht gleich Spiel. Wir haben es zum einen zu tun mit verschiedenen Arten von Spielen, z.B. Raufspielen und Jagdspielen oder Solitärspiel und interaktivem Spiel zwischen Katze und Mensch. Zum anderen gibt es verschiedene Spielvarianten, d.h. ein Jagdspiel kann z.B. mit einem Bällchen oder mit einer Federangel gespielt werden. Diesen Themen sind später einzelne Kapitel gewidmet. Vor allem aber stellen sich immer wieder verschiedene Herausforderungen: Wie kann ich diese eine Katze zu regelmäßigen und spaßigen Spieleinheiten animieren? Wie kann ich diese unermüdlich wirkende Katze vielleicht wirklich einmal zufriedenstellen? Warum lässt sich meine Katze überhaupt nicht mehr auf Spiel ein? Unter welchen Voraussetzungen könnte das wieder gelingen?

Für ein tiefergehendes Verständnis des Spielverhaltens einer Katze lohnt es sich deshalb, noch einige weitere theoretische Überlegungen zum Thema Spiel anzustellen:

Game oder Play?

Im Englischen gibt es eine sprachliche Unterscheidung zwischen Game und Play, die wir so im Deutschen nicht haben: Game meint ein Spiel, das bestimmten Regeln und Abläufen folgt und durchaus zielgerichtet ist. Brettspiele beispielsweise haben jeweils eigene Regeln. Bei vielen von ihnen ist es das Ziel, gegen die Mitspieler zu gewinnen. Dieser Punkt ist verschiedenen Menschen unterschiedlich wichtig – einige genießen einfach das gemeinsame Spiel, unabhängig vom eigenen Erfolg. Für andere scheint das Verlieren bei einem Spiel eine mittelschwere Krise herbeizuführen und nimmt ihnen jeden Spaß daran. Ähnliches gilt für Sportarten. Ein Fußballspiel folgt klaren Spielregeln, aber jenseits des Profisports bleibt es dennoch ein Spiel. Manche Kinder entwickeln beim Spielen klare Regeln. Sie bestehen dann darauf, dass man beim „Pferd spielen" unbedingt bestimmte Bewegungsabläufe einhält oder Geräusche macht und andere vermeidet. Weicht man davon ab, bekommt man einen Rüffel und die Regeln werden klargestellt. Weicht man weiterhin von den Regeln ab, kann es gut sein, dass das Kind aufhört zu spielen. Ohne Einhaltung der Regeln macht ihm dieses Game keinen Spaß mehr (vgl. *Teil 1 – „Spieltheorie" für die Katz – Was macht Spiel aus?*).

Im Gegensatz dazu ist Play ein Spiel ohne Regeln. Es meint das selbstvergessene und spontane Spiel, das von Augenblick zu Augenblick während des eigentlichen Tuns entwickelt wird. Während ein Game oft mit Konzentration und einer gewissen Ernsthaftigkeit einhergeht, ist die Stimmung beim Play ausgelassen, vergnügt und in einem schönen Sinne albern. Es gibt keine Vorgaben – es wird frei improvisiert. Vor allem: Es gibt kein Ziel, sondern das Play dient dem Selbstzweck. Es soll nirgendwo hinführen, es drückt einfach gute Laune aus und steigert sie gleichzeitig.

Auch für das Spiel von Katzen lässt sich diese Unterscheidung treffen. So fällt das Leerpföteln eines Fummelbretts etwa unter den Begriff Game (vgl. *Teil 2 – Hilfe zur „Selbstbeschäftigung" – Futterspiele zur Alleinbeschäftigung*). Die Katze zeigt dabei konzentriertes und zielgerichtetes Verhalten, um an das Futter zu kommen. Wenn sie anschließend im Zuge der „wilden fünf Minuten" durch die Wohnung saust oder sich quatschig auf dem Teppich aalt und Fusseln fängt, haben wir es mit Play zu tun. Entsprechend der Ernsthaftigkeit und Zielgerichtetheit des Games können wir bei einer Katze im Game-Modus meist recht effiziente Bewegungen beobachten, während eine Katze im Play häufig stark übertriebene Bewegungen (z.B. große Sprünge oder wilden Hoppelgalopp) zeigt.

Um es etwas komplizierter zu machen: Es gibt im Spiel von Katzen vermutlich Grauzonen zwischen Play und Game. Denn gerade im sozialen Spiel mit befreundeten Artgenossen oder dem Menschen gibt es durchaus frei improvisiert wirkendes Spielverhalten (Play), das jedoch gleichzeitig bestimmten Regeln folgt (Game): Bei Raufspielen etwa gilt die Regel, dass man nur so tut, als würde man kämpfen, sich aber eben nicht verletzt. Nur wenn diese Regel von beiden Beteiligten eingehalten wird, bleibt der Spielcharakter erhalten und freies Spiel ist möglich.

Jagd, Spiel, Erkundung

Freilebende Katzen verbringen einen großen Teil ihrer wachen Zeit mit der Erkundung ihres Reviers und mit der Jagd. Wenn eine solche Katze in einem recht sicheren und beutereichen Revier lebt, wird es auch für sie Momente von Play geben, etwa wenn sie aus purer Lebensfreude auf einen Baum saust oder ein getrocknetes Blatt fängt, das der Wind bewegt hat. Letzteres, das

Fangen eines Blattes, wäre ein Jagdspiel. Die Katze tut so, als ob das Blatt ein Beutetier wäre und erjagt es. Für die Freigängerin ist das ein reiner Spaß. Ihr ist klar, dass es sich um ein Blatt handelt und dass sie es nicht fressen wird.

Solche Beutefangspiele sind für Wohnungskatzen nahezu die einzige Möglichkeit, ihrer eigentlichen Hauptbeschäftigung nachzugehen oder zumindest so zu tun, als ob. Das Spiel hat für Nicht-Freigänger eine zentrale Bedeutung – es dient ihrer täglichen Auslastung und Beschäftigung in einem Leben, das sonst nicht viel Abwechslung bietet und in dem es nicht allzu viel zu tun gibt. Deshalb ist es sinnvoll, „Spiel" in diesem Kontext recht weit zu fassen: Es kann gerne – und sollte sogar – verschiedene Elemente enthalten. Vom selbstvergessenen Vor-sich-hin-Spielen über Jagdspiele mit vom Menschen bewegter Spielbeute und Raufspielen bis hin zu vom Menschen initiierten Erkundungsaktivitäten. Erkundungsverhalten versetzt die Katze in eine wache und aufmerksame Stimmung und macht sie wiederum empfänglicher für weitere Aktivitätsangebote. Auch deshalb wird diesem Thema später ein eigener Abschnitt gewidmet.

An dieser Stelle sollen zunächst drei wichtige Punkte herausgestellt werden, die Sie dauerhaft motivieren könnten, mehr über die individuellen Spielbedürfnisse Ihrer Katze herauszufinden:

1) Jagdverhalten, Jagdspiel, Sozialspiele, Spiel im Sinne von Play und Erkundungsverhalten haben eines gemeinsam: Sie können positive Gefühle auslösen. Dazu gehören aufgeregte Spannung, Vorfreude, Neugier, Freude am Erfolg und manchmal pures Glück. Vorausgesetzt natürlich, uns Menschen gelingt es, der Katze ein Spielumfeld zu schaffen, in dem sie erfolgreich spielen und fröhlich sein kann. Je häufiger eine Katze sich auf solche tollen Aktivitäten einlassen kann und sich damit wohlfühlt, desto mehr wird das ihre allgemeine Stimmung im Alltag beeinflussen und desto leichter wird sie langfristig zum Spielen zu animieren sein. Positive Gefühle sind die allerbesten Gegenspieler von Angst und Stress und anderem psychischen Unwohlsein und damit beste Prävention gegen viele Verhaltensprobleme. Es lohnt sich also, sich nicht entmutigen zu lassen und zu versuchen, auch eine schwer bespielbare Katze in kleinen Schritten wieder an solche Vergnügungsmomente heranzuführen.

2) Katzen unterscheiden sich stark voneinander in ihrer Bereitschaft – oder womöglich auch Fähigkeit – sich auf Game- und Play-Spiele einzulassen. Jagdspiele scheinen viele Katzen als Game zu betrachten. Wenn wir Men-

schen uns nicht an bestimmte Regeln halten, vermiesen wir diesen Katzen damit leicht den Spaß. Das ist ein wesentlicher Grund, warum wir uns etwas später das Jagdverhalten von Katzen so genau anschauen. Wir können daraus einiges über die Regeln lernen, die Katzen vermutlich für das Jagdspiel aufstellen, und an die wir uns halten sollten.

3) Im echten Leben gehen Erkundungsverhalten und Jagdverhalten nahtlos ineinander über. Und Katzen können auch mit einer echten Beute ins Play rutschen, wenn sie diese sicher in ihren Pfoten glauben, satt sind und sich in einem gefahrlosen Umfeld wähnen. Im Leben einer Wohnungskatze gilt das gleiche für Erkundung und Jagdspiel oder auch die Jagd einer echten Beute wie etwa einem Insekt. Wenn wir unsere Katze artgerecht beschäftigen möchten, ist die theoretische Unterscheidung zwischen Jagd, Jagdspiel und Erkundung (und anderen Spielarten) sowie von Game und Play zunächst hilfreich, um zu verstehen, wie man eine Katze erfolgreich animieren kann. Wenn Sie Ihrer Katze dann aber ein konkretes Beschäftigungsangebot machen, ist es letztlich nicht entscheidend zu verstehen, ob Sie damit im Einzelfall nun gerade Erkundungsverhalten oder eine Jagdspielsequenz auslösen und fördern und ob die Katze sich im Game- oder im Play-Modus befindet.

Voraussetzungen für Spiel

Wenn wir den Fokus auf die Beschäftigung für die Katze legen, besteht kein Unterschied in der Wertigkeit zwischen Game und Play. Gerade die eher game-artigen Jagdspiele sind als Imitation des Hauptberufs der Katze ein wertvoller, beliebter und biologisch sinnvoller Zeitvertreib.

Play hingegen kann ein Gradmesser für Ausgelassenheit und Unbeschwertheit im Alltag sein – nicht nur für Menschen, sondern auch für Katzen ein schöner und erstrebenswerter Zustand. Ob eine Katze in den Play-Modus kommen kann, ist zum einen abhängig von ihrem Charakter bzw. früheren Erfahrungen. Einige Katzen entwickeln Persönlichkeiten, die eben nicht zum Sich-fallen-Lassen neigen, und gehen eher mit einem ernsthaften Blick durchs Leben. Zum anderen ist für Katzen die Erfüllung von Grundbedürfnissen im Alltag eine entscheidende Bedingung dafür, ob sie sich in einem Play vergessen oder auf ein Game einlassen können. Spiel ist in einem gewissen Sinne ein Luxusgut oder anders formuliert: Es gibt zentrale Dinge, die für das Überleben einer Katze wichtiger sind.

- 😺 Es wäre unklug von einer Katze, einem Bändchen oder auch einer echten Maus nachzujagen, wenn sie ihrerseits gerade von einem jagdlich motivierten Hund ins Visier genommen wird. Die eigene Sicherheit hat immer höchste Priorität. Deshalb sind Angst und Unsicherheit große Hemmnisse für Spiel. Empfindet die Katze ihre Lebensumgebung nicht als sicher, wird sie nur schwer zu bespielen sein. Dabei ist nicht entscheidend, ob die Lebensumgebung objektiv sicher ist, sondern einzig, wie die Katze sie wahrnimmt.

- 😺 Wer ernsthaft hungrig ist, wird kein Blatt mehr jagen, sondern nach fressbarer Beute Ausschau halten – oder sich eben im Wohnungsleben darum bemühen, dass der Mensch endlich die Dose aufmacht. Es wäre biologisch nicht sinnvoll, in einem aktiven und anstrengenden Spiel Energie zu verbrauchen, wenn der Körper davon gerade ohnehin zu wenig hat.

- 😺 Gleiches gilt im Prinzip für mangelnde Ruhezeiten. Auch wenn einige Katzen für ein Spiel weit über ihre Energiegrenzen hinausgehen – die meisten sind eher für ein Spielchen zu haben, wenn sie sich zuvor angemessen ausruhen konnten und sich wach und actionbereit fühlen.

Außerdem können Ablenkungen jeder Art die Spielbereitschaft einer Katze beenden oder zumindest unterbrechen. Treten unbekannte Reize auf, so ist es aus Katzensicht klug, diesen zunächst die Aufmerksamkeit zu widmen. Dabei spielt zum einen wieder das Thema Sicherheit eine Rolle – geht von diesem Reiz (z.B. dem lauten Poltern im Nachbarzimmer) vielleicht eine Gefahr für die Katze aus? Zum anderen kann es sein, dass die Katze prüfen möchte, ob sie vielleicht etwas noch besseres verpasst. Und schließlich kann die Ablenkung ein „ernsthaftes" Jagdspiel aus Sicht einer Game-orientierten Katze ad absurdum führen im Sinne von „So kann ich nicht arbeiten. Da wäre jede echte Maus doch längst weg!"

Später werden noch weitere mögliche „Bremsen" des Spielverhaltens vorgestellt (vgl. *Teil 1 – Jagdverhalten als Vorbild – Was kann das Spielvergnügen bremsen?*).

Nur für junge Katzen? Die Funktionen von Spiel

Viele Menschen scheinen ein sehr ernsthaftes Bild vom Erwachsensein zu haben: Da ist Schluss mit lustig und jedes ausgelassene Vergnügen vorbei. Zumindest kann man auf diesen Gedanken kommen, wenn man häufiger Sätze hört wie: „Meine Katze spielt nicht mehr. Aber die ist ja auch schon vier Jahre alt."

Natürlich stimmt es, dass Spiel im Leben von Kindern und Jungtieren einen ganz besonderen Stellenwert ein- und entsprechend auch viel Zeit in Anspruch nimmt im Vergleich zum Leben von erwachsenen Säugetieren (zu denen ja auch wir Menschen zählen). Es ist recht unumstritten, dass Spielen in Kindheit und Jugend die körperliche Entwicklung fördert, dem Training artspezifischer Fähigkeiten dient und darüber hinaus allgemeine physische und auch psychische Fähigkeiten verbessert, z.B. die Resilienz, also die Widerstandskraft im Umgang mit Widrigkeiten und Krisen (Held/Spinka 2011). Gerade der letzte Punkt ist sehr spannend, wenn man die Prävention von Verhaltensproblemen im Hinterkopf hat.

Spiel hat jedoch nicht nur langfristige Funktionen, die der Verbesserung der Überlebenschancen gelten. Es hat für das spielende Individuum auch verschiedene unmittelbare Nutzen: Spiel macht Spaß, es bereitet Freude! Beim Spielen werden im Gehirn Opioide ausgeschüttet – einige Autoren vermuten deshalb eine mögliche „Selbst-Medikation" durch Spiel (Pellis/Pellis 2009). Spiel ermöglicht es dem Individuum darüber hinaus, Informationen über seine Umwelt zu bekommen (z.B. über die Rolleigenschaften und die Essbarkeit dieses neuen kleinen raschelnden Kügelchens) oder seine Sozialpartner besser kennenzulernen. Außerdem kann Spiel dazu dienen, soziale Spannungssituationen zu lösen. Deshalb ist Spiel auch für erwachsene Lebewesen ein durchaus funktionales Verhalten.

Bei vielen Tierarten ist auch bei den erwachsenen Tieren regelmäßiges Spiel zu beobachten. Katzen sind beste Beispiele dafür, dass lebenslang und engagiert gespielt werden kann. In Abhängigkeit von ihren Lebensbedingungen und dem Gesundheitszustand spielen Katzen oft bis ins hohe Alter, wenn sich auch ihre Vorliebe für bestimmte Spielarten im Zeitverlauf verändern mag.

Was macht Spiel aus?

Nun haben Sie schon einiges rund um Spiel und Spielverhalten erfahren, aber eine klare Definition wurde Ihnen auf den vergangenen Seiten noch nicht präsentiert. Sie wird auch an dieser Stelle nicht folgen. Wirft man einen Blick in die wissenschaftliche Literatur zum Thema Spiel, findet man keine einheitliche Definition. Es scheint jedoch einige definierende Elemente zu geben, die allgemein weitgehend akzeptiert und die für unser Verständnis für das Spiel von Katzen hilfreich sind (Burghardt 2005):

- Spielverhalten hat keine unmittelbare, dem Überleben dienende Funktion
- Es ist selbstbelohnend und nicht zielorientiert, d.h. es geht um das Verhalten an sich und nicht darum, was man damit bewirkt; die Katze kostet also z.B. den Spaß aus, in einem Versteck zu lauern – und lauert nicht, um unbedingt am Ende das Spielzeug zu fangen oder gar zu fressen
- Spiel enthält viele Verhaltenselemente aus dem echten Leben, aber diese werden leicht abgewandelt. Bewegungen werden übertrieben, normale Abläufe wild durcheinandergewürfelt oder zur drohenden Pfote ein freundliches Gesicht gemacht
- Einzelne Spielverhaltensweisen werden häufiger wiederholt, aber dabei gerne leicht variiert – Spiel erfolgt in der Regel nicht stereotyp!
- Spiel wird in solchen Situationen gezeigt, in denen das Tier nicht einer unmittelbaren Bedrohung ausgesetzt ist

Bezieht sich die Definition von Spiel nicht auf Spiel von Tieren oder Säugetieren, sondern spezifisch auf den Menschen, kommen zwei weitere Punkte hinzu, die auch für das Spiel mit Katzen wirklich erhellend sein können:

Erstens: Spiel ist eine frei und freiwillig gewählte Beschäftigung – und sie kann nur als solche funktionieren. Wer sich zum Spiel gezwungen sieht, wird die Aktivitäten nicht als Spiel empfinden können. Wer ein Spiel nicht jederzeit beenden kann, wird den Spaß an diesem Spiel sehr schnell verlieren. „Eine Person, die sich gezwungen oder unter Druck gesetzt fühlt, sich an einer Aktivität zu beteiligen, und die nicht aussteigen kann, ist kein Spielender, sondern ein Opfer." [„A person who feels coerced or pressured to engage in an activity, and unable to quit, is not a player but a victim." Gray 2008]

Auch wenn es uns ein Anliegen ist, eine Katze wieder mehr zum Spielen zu animieren, dürften wir also nicht über das Ziel hinausschießen und sie mit gut gemeinten Angeboten in Bedrängnis bringen. Dann wäre unser Vorhaben unter dem Motto „Gut gemeint, aber schlecht gemacht" zum Scheitern verurteilt.

Besonders spannend ist ein zweiter Aspekt von Spiel: Bei uns Menschen wird Spiel durch Regeln bestimmt und strukturiert (Gray 2008). Das können konkrete Spielregeln eines Games sein, wie etwa für ein Brettspiel oder einen Eierlauf-Wettkampf. Es können Regeln im Umgang miteinander sein, wenn es z.B. um Raufkämpfe geht, die ja nicht nur Katzen, sondern auch Kinder miteinander machen. Spiel hört auf, wenn es weh tut – man tut eben nur so, als ob man wirklich kämpft. Diese Art von Regeln scheinen Katzen ebenfalls miteinander aufzustellen. Aber es können auch frei improvisierte Regeln für das gerade frisch ausgedachte Spiel sein, wenn ein Kind z.B. „Mutter und Kind" oder „Arzt und Patient" spielt. Es hat dann klare Vorstellungen von den Rollen, die der jeweilige Spielpartner einnimmt und die einzuhalten sind. „Spiel hat immer eine Struktur, und diese Struktur leitet sich aus den Regeln im Kopf des Spielenden ab" [„Play always has structure, and that structure derives from rules in the player's mind." Gray 2008]. Für das Kind ist es ein Leichtes so zu tun, als wären die auf eine bestimmte Art aufgestellten Stühle ein Krankenwagen, und das Kind selber ist die Notfallärztin.

Nachgewiesen wurde diese Art zu spielen bislang für Schimpansen, Orang-Utans und Gorillas, doch viele Beobachtungen des Spielverhaltens anderer Arten legen den Schluss nahe, dass dieses So-tun-als-ob-Spiel auch von ihnen gespielt wird (Burghardt 2005). Ich halte es für leicht vorstellbar, dass auch Katzen sich solche Spiele ausdenken. Während des Spiels in der Wohnung und mit Objekten tun sie doch ganz offenkundig so als ob: Als ob die Spielmaus eine echte Maus wäre, als ob der Fussel ein Käferchen sei. Und wer sagt, dass sie sich beim Lauern hinter einem Kissen nicht vorstellen, hinter einem Baumstamm zu kauern? Oder dass sie nicht so tun, als wäre der Vorhang ein Gebüsch, aus dem sie hervorspringen? Und vielleicht haben sie in diesen Momenten ganz klare Vorstellungen davon, welche Rolle die Spielbeute jetzt zu spielen hat und wie sie sich verhalten soll? Ist das ein Grund dafür, warum so manche Katze gelegentlich ihre Spiellaune verliert, obwohl wir uns gerade viel Mühe geben?

Was macht Spiel aus

> **Beispiel:** Während der Arbeit an diesem Buch düst mein Kater Monty häufiger in eine auf der Seite liegende Wäschetonne. Er sitzt dann offenkundig erwartungsvoll darin und möchte, dass ich etwas Bestimmtes tue. Alle üblichen Spielangebote, die wir in den vergangenen Jahren mit der Tonne gespielt haben, interessieren ihn nicht. Ich vermute, dass er sich ein neues Spiel ausgedacht hat, aber ich komme einfach nicht darauf, wie das aussehen soll. Ergebnis: Er kommt nach ein paar Minuten einfach wieder aus der Tonne heraus und widmet sich einer anderen Beschäftigung.

Spiel ist nicht gleich Spiel

Spiel ist nicht gleich Spiel

Wenn Sie Ihre Katze künftig zu mehr Spiel animieren möchten oder wenn Sie den Verdacht haben, dass sie sich langweilt und Sie sich etwas Neues ausdenken möchten, dann gibt es eine gute Nachricht: Katzen zeigen ganz unterschiedliche Arten von Spiel. Das gibt uns die Möglichkeit, sie zu unterschiedlichen Aktivitäten einzuladen und Variationen in das gemeinsame Spiel mit der Katze einzubauen. Also, was ist im Angebot?

Beutefangspiele

Bei den Beutefangspielen können wir zahlreiche Verhaltensweisen beobachten, die aus den Bereichen Jagd und Nahrungserwerb stammen. Die Katze tut so, als würde sie echte Beute jagen. Welche Verhaltensweisen dazu gehören, wird im nächsten Kapitel ausführlich beschrieben (vgl. *Teil 1 – Jagdverhalten als Vorbild für Spiel mit der Katze*). An dieser Stelle sei aber schon mal gefragt: Mit wem oder was kann die Katze eigentlich solche Jagdspiele veranstalten? Beutefangspiele sind in der Regel sogenannte Objektspiele. Die Katze braucht dafür also irgendetwas, was die Rolle der Beute einnimmt. Optimalerweise sind das natürlich für die Katze bestimmte Spielzeuge wie Bällchen, Mäuschen und vor allem auch an den Enden von Spielangeln befestigte und bewegte Spielzeuge. Aus Katzensicht kommen bei vorhandener Beutefangspielmotivation auch zahlreiche andere „Beuteobjekte" infrage, wie z.B. ein vom Schuh rutschender Schnürsenkel, Büroklammern, kleine Nippesteilchen auf dem Regal, Weintrauben. Und die Katze prüft die vermeintliche Beute dabei leider nicht auf gesundheitliche Unbedenklichkeit oder Wert für den Menschen.

Außerdem können die wagemutigeren unter den Katzen durchaus auch mal auf die Idee kommen, ihre Mitkatzen oder andere Sozialpartner als Beuteobjekt ins Visier zu nehmen.

> **Beispiel:** Ich sehe noch heute Katerchen vor mir, der mich durch meine Kindheit begleitet hat: Er lauerte gerne hinter einem Sessel, bereitete sich hinternwackelnd vor, um dann dem vergleichsweise riesigen weißen Schäferhund Chinook von seitlich-hinten in den Nacken zu springen, wenn dieser unbedarft am lauernden Katerchen vorbeilief. Es ist unklar, ob Katerchen in solchen Momenten wirklich reines, etwas größenwahnsinniges Beutefangspiel im Sinn hatte. Der Beginn der Sequenz war auf jeden Fall deutlich dem Belauern von echten Beutetieren entlehnt. Wenn eine Katze gefährliche, wehrhafte Beute fängt, ist der Übergang zwischen Jagd und Kampf allerdings fließend. Chinook jedenfalls hat sich perfekt an die Game-Regeln für gute Beute gehalten und ist erschreckt auffiepend in gestrecktem Galopp geflohen. (Hinweis: Dies ist ein Beispiel für ein vermeintliches Spiel, bei dem leider nur einer Spaß hat, nämlich Katerchen, während es für den anderen übergriffig und beängstigend ist.)

Auch im Spiel zwischen zwei Katzen können sich Beutefangspiel und Raufspiel mischen, wenn die Mitkatze zunächst wie Beute angesprungen wird und daraus dann ein spielerischer Kampf entsteht.

Wir Menschen können ebenfalls als Ganzes oder in Teilen zu möglichen Beuteobjekten umfunktioniert werden: Ein Klassiker unter den Katzenspielen ist es, dem Menschen aufzulauern und dann von hinten/seitlich hinten in die Beine zu springen, sobald der Mensch gerade am Versteck der Katze vorbeigegangen ist. Oftmals sind es aber auch Hände oder Füße, die von der Katze scheinbar wie losgelöst von unserem Körper betrachtet werden. Dann belauert und attackiert die Katze z.B. die auf der Tastatur tippenden Finger, die auf dem Sofakissen ruhende und sich nur manchmal leicht bewegende Hand, die unter der Decke hervorschauenden Zehen oder den unter dem Tisch wippenden Fuß.

Verfolgungsspiele

Wenn eine Katze im Mordstempo und mit übertriebenen Bewegungen durch die Wohnung düst, dann spielt sie mit ziemlicher Sicherheit gerade Verfolgung. Verfolgung tritt im Leben einer Katze in unterschiedlichen Situationen auf:

- wenn sie einem fliehenden Beutetier kurz hinterherjagt oder die letzten Meter an einen Vogel heransprintet
- andere Katzen werden aus dem eigenen Revier verjagt und dabei zum Teil bis an die Reviergrenzen verfolgt
- Verfolgung kann aber auch heißen, dass die Katze selbst eine wilde Flucht vor einem Verfolger hinlegt

Damit Spielzeug verfolgt werden kann, muss es sich bewegen. Dafür sorgt die Katze manchmal selbst, indem sie ein Bällchen kickt, aber besser funktionieren Verfolgungsspiele mit Spielangeln, die der Mensch für die Katze bewegt. Mit anderen Katzen und Sozialpartnern braucht es die Rollenaufteilung in Jäger und Gejagte.

Spannend: Für Katzen wird auch sogenanntes halluzinatorisches Spiel beschrieben (Beaver 2003). Dieses ist tatsächlich am ehesten im Kontext von Verfolgungsspielen auszumachen und ich vermute, dass es das ist, was Katzen in ihren berühmt-berüchtigten „wilden fünf Minuten" tun: Die Katze tut so, als würde sie verfolgt werden oder jemanden verfolgen. Sie rast wie gehetzt den Flur hinunter, ins Wohnzimmer rein und den Kratzbaum hinauf und bringt sich dort „in Sicherheit". Um etwas später wieder vom Kratzbaum herunterzuspringen und den gleichen Weg zurück zu sausen, vielleicht selbst wieder verfolgt, vielleicht nun auch die Verfolgende, die den Gegner in die Flucht schlägt. Zwischendurch hascht sie womöglich noch nach unsichtbaren Beutetieren oder erschrickt vor Gespenstern, die aus dem Nichts auftauchen.

Raufspiele

Im Raufspiel zeigt eine Katze verschiedene Verhaltenselemente, die alle mehr oder weniger aus dem Bereich Drohen und Kämpfen stammen – die Katze spielt „Ernstkampf". Entsprechend kann man während Raufspielen die gleichen Körperhaltungen und -gebärden erkennen, die man auch in einer echten Auseinandersetzung mit einer anderen Katze oder einem anderen Kontrahenten beobachten könnte, wie z.B.

- Umdrehen der aufrechten Ohren wie bei einer Beißdrohung
- Breitseitendrohen („Breitseite"), bei dem die Katze aufgerichtet dem Gegner die Körperseite präsentiert und ihn gleichzeitig mit recht tiefgehaltenem Kopf anstarrt
- sprungbereites Kauern und Belauern
- Anspringen des Gegners
- Pfotenhiebe und Bisse, die weitgehend gehemmt ausgeführt werden, d.h. ohne absichtlich Verletzungen zu verursachen
- intensives Treten mit den Hinterbeinen nach dem Gegner aus seitlicher Rückenlage („Bauch nach oben"), das im Ernstfall der Abwehr eines überlegenen Gegners dient
- bei starker Spielerregung auch durchaus mal aufgestelltes Fell, Flaschenbürstenschwanz und erweiterte Pupillen

Es ist davon auszugehen, dass Katzen während eines Raufspiels weniger einen Trainingsgedanken haben im Sinne von: „Ich muss mit meinem Bruder jetzt diesen einen Kampfmove üben, damit ich den demnächst besser bei der Revierverteidigung draußen einsetzen kann!" oder „Ich muss mich fit und geschmeidig halten, um es demnächst dem Beagle von nebenan so richtig zeigen zu können." Auch wenn das denkbare Nebeneffekte von regelmäßigen Raufspielen sind, ist das Hauptmotiv dahinter vermutlich Spaß. Die Katzen absolvieren in Raufspielen kein Trainingscamp, sondern scheinen vergnügt und absichtslos die Kampfelemente durcheinanderzuwürfeln, wie sie sich gerade aus der Interaktion mit dem Spielpartner ergeben.

Raufen lässt es sich am besten mit einem Spielpartner. Gleichgesinnte befreundete Katzen bringen natürlich die beste Expertise mit. Aber auch andere Sozialpartner, wie z.B. der im gleichen Haushalt lebende Hund oder eine Bezugsperson kommen u.U. aus Sicht der Katze durchaus als Raufpartner infrage. Steht kein Sozialpartner zur Verfügung, suchen sich rauflustige Katzen ggf. Ersatzpartner: So kann ein gefangenes Spielzeug niedergerungen und dann abgewehrt werden, als wäre es ein gefährlicher Gegner. Und natürlich geht das auch mit Gegenständen, die nicht wir, wohl aber die Katze als geeignet definieren: Teppiche, Sofakissen, Töchterchens Lieblingsteddy, Kleidungsstücke, Schuhe, die Kanten von bodenlangen Vorhängen etc.

Solitär- vs. Sozialspiele

Aus den vorangegangenen Abschnitten wird deutlich, dass es Spiele gibt, denen die Katze alleine nachgehen kann, vorausgesetzt, sie legt ausreichend Fantasie an den Tag. Diese Spiele werden als Solitärspiele bezeichnet. In erster Linie benutzt die Katze dafür unbelebte Objekte und gibt vor, dass diese ihren Part als Beute oder Gegner spielen. Spiele mit einer anderen Katze oder einem sonstigen Sozialpartner werden Sozialspiele genannt. Sie stellen ein Miteinander dar, bei dem beide gemeinsam so tun, als ob. Beute-, Verfolgungs- und Raufspiele können nahtlos ineinander übergehen.

Beispiel: Eine Katze belauert eine andere, als wäre diese ein Kaninchen (Beutefangspiel). Sie pirscht sich heran und springt der anderen in den Nacken (Beutefangspiel). Die Katze, die eben noch gejagt hat, galoppiert nun sofort schnell weg und bietet sich damit selbst als Verfolgte an (Verfolgungsspiel). Die zweite Katze springt darauf an, jagt hinterher. Beim Einholen rempelt sie die erste an, die sich umfallen lässt. Daraufhin beginnt ein kleines Droh- und Raufspiel mit zeitweisem Gerangel am Boden. Dann düst die zweite Katze weg und lädt zur Verfolgung ein. Die erste Katze jagt jedoch nicht hinterher, sondern versteckt sich hinter dem Türrahmen (aufgrund des Lauerelements nun am ehesten wieder ein Beutefangspiel) und wartet darauf, dass ihre Partnerin wieder zurückkommt, um sich dann erneut auf sie zu stürzen und sie zu „erlegen".

Geschlechtsspezifische Vorlieben

Hinsichtlich des Bedürfnisses zu spielen gibt es keinen Unterschied zwischen Kätzinnen und Katern. Aktivitätslevel und Ausdauer sind schlicht individuell unterschiedlich und folgen keiner Trennlinie entlang des Geschlechts. Auch die grundsätzliche Spielbereitschaft ist unabhängig vom Geschlecht. Es gibt ruhige und aktivere bzw. introvertierte und extrovertierte Katzen beiderlei Geschlechts. Wie sieht es aber mit Vorlieben für bestimmte Spielarten aus?

Mit Blick auf Solitärspiele gibt es keine nennenswerten Unterschiede zwischen Katern und Kätzinnen. Kätzinnen zeigen oftmals eine etwas größere Affinität zu Objektspielen als Kater. Es gibt Anhaltspunkte dafür, dass Kätzinnen etwas ausdauernder nach echter Beute jagen als Kater, da sie ja „im echten Leben" regelmäßig ihre Würfe mit Futter versorgen müssen und nicht wie die Kater nur für sich selbst jagen. Das könnte auch eine größere Ausdauer bei Beutefangspielen erklären. Leider ist mir keine Studie bekannt, die das Spielverhalten von kastrierten Wohnungskatzen diesbezüglich erforscht hätte. Mein Eindruck ist jedoch, dass Kater und Kätzinnen im Durchschnitt etwa gleich viele Beutefangspiele und halluzinatorische Rennspiele („wilde fünf Minuten") zeigen.

Deutlicher treten die Unterschiede zwischen Kätzinnen und Katern bei den Sozialspielen zutage. Die meisten Kätzinnen zeigen eine klare Präferenz für Verfolgungsspiele, die nach einer eher sanften (also gehemmten) „Hab dich"-Pfotenberührung oder -Rempelei direkt in die nächste Verfolgungsjagd münden. Gerauft wird, wenn überhaupt, eher kurz, wenn es zum Beispiel einen gemeinsamen Überschlag am Ende einer Verfolgung gibt, nach dem beide aber direkt wieder voneinander ablassen. Wenn schon Kampfspiel, dann lassen sich Kätzinnen leichter auf einen kleinen Distanzkampf ein, bei dem sich die Kontrahentinnen gegenübersitzen und versuchen, mit Pfotenschlägen Treffer zu erzielen.

Kater hingegen finden Verfolgungen zwar auch toll. Aber bei ihnen dürfen sie gerne ausgiebig unterbrochen werden von mehr oder weniger wilden Raufspielen mit starkem Körpereinsatz, bei denen man sich nicht nur an-, sondern zu Boden rempelt und dann richtig miteinander ringt. Neben Pfotenhiebduellen scheinen viele Kater auch besonders viel Spaß an massiven Drohspielen zu haben, bei denen sich die Spielpartner lange gegenübersitzen oder -stehen und Drohgebärden zeigen. Was mir in diesem Kontext auch ausschließlich von Katern bekannt ist (und auch dann nur selten), ist dass im

Zuge von Drohspielen sogar Drohlaute ausgestoßen werden. Dabei handelt es sich dann ausnahmslos um offensive Drohlaute wie Grollen oder Jaulen. Meine persönliche Assoziation dazu sind halbstarke Jungs, die es lustig finden, ihre Kumpel anzurempeln und dabei Sätze sagen wie „Hey, Alter, was willst du?!!"

Kätzinnen zeigen sich von allzu rüpeligem und körperbetontem Spiel häufig verunsichert und überfordert und können sich nur schlecht darauf einlassen.

In der Regel tut man gut daran, verhalten und vorsichtig mit Stereotypen umzugehen, denen man bestimmte Vorlieben oder Abneigungen oder typische Verhaltensweisen unterstellt. Bei Katzen werden solche Stereotypen häufig für verschiedene Rassen oder Farbschläge beschrieben: British-Kurzhaar-Katzen und Perser sind ruhige Couch Potatoes, Sibirische Waldkatzen anderen Katzen gegenüber sehr sozial, bunte Katzen sind „zickig" und rote Kater aggressiv. Das verschleiert oftmals den Blick auf das Individuum, das eben durchaus von der (vermeintlichen) Norm abweichen kann. Plötzlich ist da ein ganz sozialer, nahezu liebevoller roter Kater, die bunte Kätzin ist die Gelassenheit in Person, die Sibirische Waldkatze will den Neuzugang auf Teufel komm raus nicht dulden und der einjährige British-Kurzhaar-Kater ist vermeintlich hyperaktiv, weil er doch tatsächlich täglich spielen möchte. Und nun? Wenn man sich mit geschlechtsspezifischen Unterschieden beschäftigt, kann man in ähnliche Fallen tappen. Denn auch wenn einige typisch weibliche oder männliche Vorlieben und Verhaltensweisen vielleicht biologisch erklärt werden können, gibt es eben auch eine Reihe von Katern und Kätzinnen, die von den Geschlechterklischees abweichen. Vermutlich sind zwei Haupteinflussfaktoren für die Spielvorlieben einer Katze verantwortlich.

Der erste Faktor ist die Hormonsituation. Etwas vereinfacht kann man sagen: Je mehr Testosteron eine Katze im Körper hat, desto größer wird ihre Neigung zu Raufspielen sein. Der Testosteronspiegel wird unter anderem offenbar schon durch die Lage der Föten in der Gebärmutter beeinflusst. Eine Kätzin, die zwischen Katern liegt, wird mehr Testosteron produzieren als eine Kätzin zwischen anderen Kätzinnen. Und umgekehrt verhält es sich für einen Kater, dessen Platz in der Gebärmutter zwischen Kätzinnen ist.

Ein zweiter, wesentlicher Faktor sind die Erfahrungen, die eine junge Katze in den ersten Lebenswochen und Monaten mit ihren Geschwistern und anderen Artgenossen macht. Kleine Kätzinnen, die unter Brüdern aufwachsen, haben gute Chancen, zu Raufspielexpertinnen heranzuwachsen, die später ziemlich hart im Nehmen sind. Kleine Kater, die ausschließlich Spielkameradinnen haben, lernen hingegen oftmals gut, sich bei Raufspielen zurückzunehmen und *müssen* nicht jede Verfolgung in einem harten Bodycheck und wildem Gebalge enden lassen.

Darüber hinaus beeinflussen jedoch nicht nur frühe Erfahrungen das Verhalten und die Vorlieben einer Katze, sondern auch die Erfahrungen, die sie im Laufe ihres weiteren Lebens macht. Spaß an Raufspielen könnte z.B. verloren gehen, wenn der aktuelle Raufpartner einfach immer etwas zu ruppig ist und Schmerzen zufügt. Und Freude an Verfolgungsspielen könnte entwickelt werden, wenn die Mitkatze einfach immer wieder unwiderstehlich charmant dazu auffordert und gleichzeitig – vielleicht anders als frühere Sozialpartner – sehr grenzwahrend mit Körperkontakt umgeht.

Was heißt das nun für uns und das Leben mit Katern und Kätzinnen? Das heißt zum einen, dass man davon ausgehen sollte, dass ein Kater ein mehr oder wenig stark ausgeprägtes Bedürfnis nach Raufspielen verspürt. Also sollte er die Möglichkeit bekommen, dieses Bedürfnis auch auszuleben. Wenn eine passende Partnerkatze fehlt, die sein Bedürfnis teilt, tut der Mensch gut daran, für geeigneten Ersatz zu sorgen (vgl. *Teil 2 – Gemeinsames Spiel – Raufspiele mit Ihrer Katze*). Zum anderen heißt das, dass wir uns individuell auf die Katzen in unserem Leben einstellen müssen. Zeigt sich ein „femininer" Kater vom rabiaten Raufspiel seines Kumpels überfordert, sollten wir ihn zum Wohle der Beziehung schützen. Geraten wir an eine „maskuline" Kätzin, müssen wir schauen, wie wir ihr einen geeigneten Sparringspartner zur Verfügung stellen können. Beutefangspiele alleine werden sie dann vermutlich nicht vollständig glücklich machen.

Woran erkennt man Spiel?

Solitärspiel ist oft leicht zu erkennen, da ganz klar der Ernstbezug fehlt: Der Teppich hat die Katze eben ganz bestimmt nicht angegriffen und es hat sich auch keine Maus darunter versteckt, der Fussel ist ein Fussel und kein Insekt und es gibt keinen Verfolger, der die Katze auf den hohen Kleiderschrank jagt. Ein weiteres Indiz für Spiel ist, dass Katzen zwar die gleichen Bewegungen und Gesten wie in nicht spielerischen Kontexten zeigen, z.B. Jagdelemente oder Drohgesten, aber diese ein wenig verfremden. Verfremden meint hier, dass ...

- 🐾 ... die einzelnen Verhaltensweisen oft übertrieben ausgeführt werden, z.B. Hoppelgalopp statt effizientem Rennen.
- 🐾 ... Verhaltensweisen aus unterschiedlichen Kontexten miteinander und häufig in schneller Abfolge gemixt werden, z.B. Sprung auf die Beute gefolgt von Wegrennen gefolgt von Drohgebärden gegenüber einem vermeintlichen Reviereindringling.
- 🐾 ... einige Verhaltensweisen, Gebärden oder Abläufe unvollständig gezeigt werden, z.B. Breitseitendrohen und sogar Jaulen gegenüber dem Sparringspartner, jedoch mit geringer Körperspannung und fehlendem Schmatzen, das in echten „Drohkämpfen" zu beobachten ist, oder das Verbleiben in Pfötelspielen ohne das eigentlich beim Beutemachen folgende Beißen oder Fressen der Spielbeute.
- 🐾 ... eine Verhaltensweise mit leichten Variationen immer wieder gezeigt wird, z.B. das In-die-Luft-Werfen der Spielmaus.

Bei Sozialspielen, insbesondere bei Spielen zwischen zusammenlebenden Katzen, ist es oftmals nicht leicht zu erkennen, ob man es gerade mit Spaß oder Ernst zu tun hat bzw. wann aus Spaß Ernst wird. Grundsätzlich gelten auch für Sozialspiele die oben genannten Kriterien. Aber wie können wir uns sicher sein, dass etwas nicht „böse" gemeint ist? Neben den Indizien für Spielverhalten können Sie im Sozialspiel noch folgende Anhaltspunkte für die Einschätzung des Verhaltens einer Katze heranziehen:

- 🐾 Abwechslung in der Rollenverteilung als Jäger/Gejagte bzw. beim Raufen in der Rolle der abwehrenden/angreifenden Katze
- 🐾 Self-Handicapping: die körperlich stärkere, überlegene Katze nimmt sich regelmäßig zurück und schöpft ihre Kampfkraft nicht aus, d.h. eine erwachsene Katze lässt z.B. eine sehr junge Katze erfolgreich fliehen oder nimmt überdimensional häufig die Rolle der vermeintlich unterlegenen, abwehrenden Katze ein
- 🐾 die Initiative zum Spielbeginn und zum Weiterspielen geht mehr oder weniger gleich verteilt von beiden Katzen aus
- 🐾 es gibt kurze Pausen im Spiel, in denen eine Katze kurz etwas anderes macht oder woanders hinschaut – in einer echten Auseinandersetzung wäre es gefährlich, die Aufmerksamkeit von der Kontrahentin abzuziehen

Für junge Katzen werden acht typische Spielhaltungen identifiziert (Beaver 2003: 60 ff.), die auch erwachsene Katzen im Spiel häufiger zeigen und die auf Sozialpartner, aber auch auf Objekte gerichtet werden können. Teilweise werden diese als Spielaufforderung eingesetzt:

„Bauch nach oben" (Belly-up): Die Katze legt sich auf den Rücken bzw. rollt teils in Rückenlage, teils auf der Seite liegend herum. Die Vorder- und Hinterbeine können dabei unterschiedlich gehalten oder in die Luft gestreckt werden bzw. nach dem Sozialpartner hangeln. Das Gesicht ist dem Spielpartner zugewandt.

„Männchen" (Stand-up): Die Katze stellt bzw. setzt sich auf die Hinterpfoten und hebt die Vorderbeine auf Brust- bis Kopfhöhe an. Die Vorderbeine werden dabei gestreckt und oft auch die Zehen gespreizt und mit den Pfoten vor dem Gesicht des Gegenübers herumgefuchtelt. Manche Katzen liefern sich ausgiebige „Männchen"-Duelle.

„Breitseite" (Side-step): Dabei zeigt die Katze ihrem auserkorenen Spielpartner die Körperseite und macht dabei einen leichten Katzenbuckel. Der Schwanz ist häufig erhoben, manchmal zu einem umgedrehten U geformt. Kopf und Vorderkörper können entweder auffällig angehoben oder gesenkt werden. Typischerweise bewegt sich die Katze in der Breitseiten-Position seitlich tänzelnd oder gar hüpfend.

„Anspringen" (Pounce): Zum spielerischen Anspringen gehört zunächst das Hinkauern, bei dem die Katze ihren Körperschwerpunkt vor- und zurückwiegt, oftmals wird außerdem mit dem Popo nach links und rechts gewackelt, bis die optimale Absprungposition erreicht ist. Daraus folgt das Anspringen des Spielpartners, das direkt in den Körperkontakt führen oder auch nur angedeutet werden kann, indem wenige Zentimeter vor dem Partner gelandet wird.

„Mäusesprung" (vertical stance): Der Mäusesprung kann ganz prima auch an anderen Objekten oder Sozialpartnern gezeigt werden. Die Katze richtet sich dabei auf den Hinterbeinen in eine sehr aufrechte, stehende Position auf. Von der Seite betrachtet bildet sie dabei ein schwach gekrümmtes C, mit einem leicht runden Rücken und Kopf sowie Vorderbeinen, die sich schon von oben herab auf die am Boden befindliche „Spielbeute" ausrichten. Aus dieser Position springt die Katze ab und stößt fast an Ort und Stelle mit den Vorderpfoten nahezu senkrecht nach unten zurück. Der Sprung hat die Form eines umgedrehten Us.

„Fangen" (Chase): Fangen besteht aus zwei Teilen – weglaufen und hinterherlaufen. Fangen und sich fangen lassen. Als Spielaufforderung eingesetzt düst eine Katze gern im Hoppelgalopp weg und bietet sich als „Beute" an. Beim Fangen-Spielen wechseln regelmäßig die Rollen (anders als bei unfreundlichen Verfolgungen).

„Weitsprung" (horizontal leap): Die Katze springt plötzlich und übertrieben mit einem großen Satz, z.B. aus der Breitseiten-Position.

„Nasenklau" (face-off): Bei diesem Spiel sitzen sich zwei Katzen typischerweise gegenüber und strecken sich gegenseitig die Pfoten ins Gesicht bzw. verteilen kontrollierte leichte Watschen. Manchmal beginnt eine Katze dieses Spiel auch einseitig. „Nasenklau" kann leicht aus dem „Männchen" heraus entstehen, geht aber außerdem auch in stehender Position.

Es ist nicht ganz klar, ob Katzen zudem über sogenannte Spielsignale verfügen, mit denen sie im laufenden Spiel ihrem Spielpartner signalisieren können: „Alles okay, alles nur Spiel – ich meine das nicht ernst!" Bei Hunden wäre das zum Beispiel der sogenannte Spielbogen, eine besondere Form der Vorderkörpertiefstellung. Die Spielhaltungen von Katzen haben vermutlich eher auffordernden als rückversichernden Charakter. In Momenten, in denen Katzen unsicher sind, scheinen kurze Spielunterbrechungen am ehesten das Mittel der Wahl zu sein, um die Nicht-Bedrohlichkeit zu signalisieren. Manchmal, aber nicht zuverlässig zu beobachten, ist das Spielgesicht. Dabei öffnet die Katze leicht das Maul, wobei die Lefzen bis zu den Maulwinkeln auseinander gehen. Ihr Blick wirkt irre, aber nicht aggressiv. Diese Katzen sehen dann ein wenig aus, als würden sie lachen oder mit dem ganzen Gesicht grinsen. Entsprechend ist das Spielgesicht begleitet von übertriebenen und albernen Bewegungen wie Herumrollen oder nach etwas hangeln.

Klares Zeichen dafür, dass das Spiel aufhört, ein Spiel zu sein, ist ein abwehrendes Fauchen oder gar ein Kreischen. Abwehrlaute werden im Spielkontext nicht gezeigt. Ein kurzes Quieken hingegen in Kampfmomenten kann der Hinweis sein, dass es gerade etwas doll ist. Fährt der Angreifer daraufhin seinen Kräfteeinsatz etwas zurück, kann das Spiel oftmals in die nächste Runde gehen.

> **Wichtig:** Sozialspiel ist nur dann wirklich Spiel, wenn beide spielen wollen. Möchte nur einer spielen, dann gibt es ein Ungleichgewicht. Auch wenn eine Jagd oder eine Attacke aus Spielmotivation heraus erfolgt, kann die angespielte Katze diese als Bedrängung oder Bedrohung empfinden.

Jagdverhalten als Vorbild für Spiel mit der Katze

Jagdverhalten als Vorbild für Spiel mit der Katze

In diesem Kapitel wird das Jagdverhalten von Katzen unter die Lupe genommen. Welches sind die typischen Beutetiere und was ist für die Katze an ihnen spannend? Was genau veranlasst eine Katze, ein Tier als potenzielles Beutetier ins Visier zu nehmen und die Jagd zu beginnen? Wie läuft eigentlich eine typische Jagdsequenz ab und welche Verhaltensweisen passen in den Bereich Jagd? Und was können wir daraus jeweils für das Spiel mit der Katze ableiten?

Beutetiere der Katze

Wenn wir mit Katzen spielen wollen, müssen wir sie davon überzeugen, dass ein künstliches und somit auch eigentlich absolut „totes" Spielzeug eine spannende Beute darstellen könnte. Um das zu bewerkstelligen, lohnt es sich, sich die echten Beutetiere von Katzen sehr genau anzuschauen: Welche Tiere bevorzugen Katzen als Beutetiere und was macht diese aus?

Verschiedene Studien haben gezeigt, dass Mäuse mit einem Anteil von ca. 65 bis 85% das Hauptgericht auf dem Jagd- und Speiseplan von Hauskatzen darstellen (z.B. Fitzgerald/Turner 2000: 165). Neben ihnen erbeuten Katzen u.a. andere Nager wie z.B. Ratten oder Kaninchen, Insekten, Vögel oder Eidechsen. Außerdem gibt es weitere Tiere, die viele Katzen in Jagdenthusiasmus versetzen, auch wenn die Beute beim Jagderfolg dann in der Regel nicht gefressen wird: z.B. Frösche und Kröten. Die Erfolgsquote bei der Jagd auf verschiedene Beutetiere fällt unterschiedlich aus. So nehmen viele Katzen gerne Vögel ins Visier, aber nur wenige von ihnen sind wirklich gute Vogeljäger. Die meisten Katzen brauchen viele Anläufe, bis sie es einmal schaffen, einen Vogel zu fangen. Ihre Opfer sind dann meist entweder Jungvögel oder kranke Tiere. In den oben zitierten Untersuchungen lag der Anteil von Vögeln an den Mageninhalten der Katzen bei ca. 3%. Dass Katzen dennoch häufig überhaupt versuchen, Vögel zu jagen, dürfte als Hinweis zu werten sein, dass die Vogeljagd besonders spannend und spaßig ist.

Auffällig ist, dass die typischen Beutetiere der Katze eines gemeinsam haben: Sie überschreiten eine gewisse Größe nicht und sind im Vergleich wesentlich kleiner als Katzen (nachfolgende Angaben ohne Schwanz oder Spannweite):

- Hausmaus: 7-11 cm
- Laubfrosch: 7-9 cm
- Blaumeise: 11,5 cm
- Waldeidechse: 12-18 cm
- Stubenfliege: 6-8 mm
- Zitronenfalter: 5-5,5 cm
- Gemeine Rasenameise: 3 mm

Im Anhang finden Sie Silhouetten, die in etwa der jeweiligen Größe dieser beliebten Beutetiere der Katze entsprechen.

Einige Katzen trauen sich durchaus auch größere Beutetiere zu. Neben der eigentlichen Größe ist ein weiterer Aspekt, der die Beutewahl beeinflusst, deren potenzielle Wehrhaftigkeit. Eine Amsel ist zwar schon deutlich größer als eine Meise, wird sich aber in ihrem Verhalten nicht stark von dieser unterscheiden. Eine Taube ist im Vergleich vermutlich ebenfalls nicht prinzipiell wehrhafter als eine Meise oder eine Amsel. Schon allein aufgrund ihrer Körpergröße dürfte sie jedoch den meisten Katzen mehr Respekt einflößen und verfügt außerdem über mehr Kraft als ein kleiner Vogel. Gleiches gilt für Wildkaninchen. Ratten hingegen sind nicht nur deutlich größer als Mäuse, sondern sie zeigen auch eine beeindruckende Verteidigungsbereitschaft, wenn sie sich bedroht fühlen. Ratten wollen sich manchmal nicht nur verteidigen, sondern anschließend den Angreifer selbst in die Flucht schlagen. Auch Eichhörnchen sind in der Regel nur allzu bereit, sich heftig gegen eine Katze zur Wehr zu setzen.

Nur besonders wagemutige Katzen versuchen sich deshalb häufiger als einmal zum Beispiel an den folgenden Beutetieren, für die jeweils die durchschnittliche Körperlänge, erneut ohne Schwanz oder Flügelspannweite, angegeben wird:

- Hausratte: 16-24 cm
- Stadttaube: 31-34 cm
- Eichhörnchen: 20-25 cm
- Wildkaninchen: 35-45 cm

Zu beachten ist dabei natürlich, dass Jungtiere deutlich kleiner und ggf. auch weniger wehrhaft sind als die erwachsenen Tiere dieser Arten und damit ungefährlichere und attraktivere Beute darstellen.

Ableitungen für Spiel

Da sich wirklich nur vergleichsweise wenige Katzen an die letztgenannten Tiere herantrauen, sollten wir uns bei der Auswahl von Spielzeugen an den kleineren und typischeren Beutetieren orientieren, wenn wir uns aktives Jagdspielverhalten der Katze wünschen. Leider sind viele der im Zoobedarf angebotenen Anhänger für Spielangeln deutlich größer oder es werden z.B. gleich mehrere Anhänger an einer Angel befestigt. Verlassen Sie sich bitte nicht darauf, dass die Hersteller schon wissen, was sie tun. Viele Produkte sind so gestaltet, dass sie eher für den Menschen attraktiv scheinen als für die Katzen.

Mäuse, Vögel, Insekten und Co unterscheiden sich voneinander in ihrer Form und Beschaffenheit. Der Körper von Mäusen ist oval-rundlich mit feinen Extremitäten und einem dünnen Schwanz. Vögel sind ebenfalls oval-rundlich, solange sie die Flügel angelegt haben, allerdings fühlt sich ihr Federkleid wesentlich anders an als das Fell der Mäuse. Insekten gibt es in verschiedenen Formen, aber alle sind vergleichsweise filigran. Eidechsen sind zwar von der Gesamtlänge her gar nicht so klein, aber ihr Körper mitsamt Schwanz ist lang und schmal.

Zum Nachdenken: Legen Sie die attraktiven und die unattraktiven Spielzeuge doch einmal neben die obigen Silhouetten und vergleichen Sie die Größe. Scheint Ihre Katze bislang Vorlieben für besonders große oder besonders kleine Spielzeuge zu zeigen? Dann können Sie sich bei der Auswahl von Spielzeugen künftig daran orientieren.

Zum Nachdenken: Bevorzugt Ihre Katze Spielzeuge, die eine bestimmte Form haben? Steht sie eher auf insektenartig-klitzeklein, auf lang und schmal oder auf rundlich-mausartig? Findet Ihre Katze Spielbeute aus einem bestimmten Material (z.B. Feder, Stoff, Kunstfell, Echtfell) besonders attraktiv?

Was löst Jagd aus?

Während Hunde und andere Raubtiere ihre Beute teilweise aufstöbern, indem sie deren Geruchsspuren folgen, löst bei der Katze die direkte Wahrnehmung des Beutetieres den Impuls zur Jagd aus. Wesentlich sind dabei zwei Faktoren, nämlich akustische Reize und Bewegungsreize.

Akustische Reize

Katzen verfügen über ein gutes Hörvermögen, dessen Frequenzreichweite über das unsrige hinausgeht. Sie können wesentlich höhere Töne wahrnehmen als wir und hören besonders in den höheren Bereichen auch besser als wir Menschen. Vor allem sind sie aufgrund ihrer flexiblen Ohrmuscheln und deren Beschaffenheit in der Lage, sehr genau die Richtung zu bestimmen, aus der ein Geräusch kommt. Nehmen Katzen ein potenzielles Beutetier akustisch wahr, kann dies der Startschuss für die Jagd sein. Was für Geräusche sind es also, die für Katzen jagdlich interessant sind? Oder anders formuliert: Welche Geräusche verursachen Mäuse und Vögel (und theoretisch auch die anderen interessanten Beuteobjekte)?

Mäuse verursachen feine trippelnde Laute, wenn sie sich auf hartem Untergrund bewegen. Bewegen sie sich durch Laub oder Gras, entstehen leise scharrende bzw. raschelnde Geräusche an den Blättern und Halmen. Beim Fressen verursacht die Maus je nach Nahrung u.U. Geräusche durch das Kleinnagen ihrer Beute. Mäuse verständigen sich untereinander nicht ausschließlich, aber vor allem mit Lauten im Ultraschallbereich, die die Katze im Unterschied zu uns Menschen wahrnehmen kann. Das heißt, die von Mäusen verursachten Geräusche sind aus Menschensicht sehr leise und sehr fein. Der Verhaltensbiologe Bradshaw vermutet, dass Katzen sogar lernen können, die Ultraschalllaute der „schmackhaften" Wühlmäuse von denen der „nahezu ungenießbaren" Spitzmäuse zu unterscheiden (Bradshaw 2012: 131).

Auch die Geräusche, die ein unaufmerksamer Vogel beim Hüpfen durch oder Scharren in Laub und Gras oder schlicht auf der Erde erzeugt, sind eher leise aus menschlicher Sicht, wenngleich deutlich lauter als die der Mäuse. Erneut haben wir es mit scharrenden, raschelnden Tönen zu tun. Anders verhält es sich, wenn ein Vogel sich gefangen fühlt, weil er zum Beispiel aus Versehen in ein Zimmer geflogen ist oder sich in einem Netz verheddert hat.

Dann ist ein vergleichsweise lautes und hektisches Flügelschlagen zu hören. Solche Geräusche lassen Freigängerkatzen interessiert aufmerken. Singt ein Vogel hingegen, so zieht er damit nicht zwangsläufig die Aufmerksamkeit einer in der Nähe befindlichen Katze auf sich. Zumindest erfahrene Freigänger scheinen zu wissen, dass ein singender Vogel seine Umgebung in der Regel aufmerksam beobachtet. Was für uns wie freundliches Gezwitscher klingt, dient schließlich oftmals elementaren und ernsthaften Angelegenheiten im Vogelleben wie akustischer Reviermarkierung, Anlockung von Sexualpartnern sowie der Warnung vor Gefahren – etwa der neben dem Baum sitzenden Katze.

Ob Katzen die Fortbewegung von Insekten auf dem Boden hören können, entzieht sich meiner Kenntnis. Sicher ist allerdings, dass sie die summenden Flügelschlagbewegungen wahrnehmen können.

Bewegungsreize

Bewegungen kann die Katze auf zwei Arten wahrnehmen. Zum einen visuell, wobei sie ein wenig kurzsichtig ist und ihr Sehvermögen an sich nicht herausragend. Allerdings ist sie besonders gut darin, selbst kleinste Bewegungen zu erkennen. Dafür steht ihr sogar noch ein weiterer Sinn zur Verfügung, nämlich die Wahrnehmung über ihre Tasthaare, allen voran die Schnurrhaare. Die Schnurrhaare gehören zu den sogenannten Tast- oder Leithaaren, über die eine Katze Objekte in ihrer nahen Umgebung und vermutlich sogar feinste Luftveränderungen wahrnehmen kann, die z.B. durch die Bewegung eines Beutetieres verursacht werden (Bradshaw 2012).

Wie bewegen sich die Beutetiere von Katzen in verschiedenen Situationen? Auf welche Arten von Bewegungen dürften Katzen also besonders aufmerksam reagieren? Sämtliche Tierarten verfügen über ein ausgesprochen großes Verhaltensrepertoire. Hier einige wesentliche Punkte:

Mäuse bewegen sich bevorzugt, wenngleich nicht ausschließlich, am Boden. Die Fortbewegung geschieht vornehmlich durch Laufen auf allen Vieren. Wenn eine Maus sich nicht sehr sicher fühlt, wird sie versuchen, sich getarnt zu halten. Das gilt sowohl für Momente des Innehaltens und der Rast, aber auch für das Zurücklegen von Wegstrecken. Wenn eine Maus die Wahl hat, wird sie vermutlich eher im Schutz des Rasens laufen als mitten auf den Wegplatten unmittelbar daneben. Möchte die Maus auf die andere Seite einer größeren freien Fläche gelangen, wird sie zumeist nicht quer hinüberlaufen, denn dort wäre sie auf dem Präsentierteller. Stattdessen wird sie den Umweg entlang von Mauern oder anderen „Tarnstationen" wählen. Dort ist sie selbst nicht nur weniger sichtbar, sondern es gibt auch zumindest eine Seite, von der aus kein Feind kommen kann.

Das Tempo, mit dem sich Mäuse fortbewegen, ist variationsreich. Bei der Erkundung ihrer Umgebung bewegen sie sich teils einfach an Ort und Stelle ein wenig, wenn sie sich zu diesem Zweck etwa kurz auf die Hinterbeine stellen oder ein Objekt beschnüffeln. Etwas schneller wird es, wenn sie gezielt eine Wegstrecke zurücklegen. Flieht die Maus vor einer Gefahr, kann sie mit einem Tempo von 8-12 km/h davonsausen (Flindt 1995, S. 35 f.). Ihr Ziel wird dann die nächstbeste Tarn- bzw. Versteckmöglichkeit sein.

Wurde eine Maus durch einen Fressfeind in eine Ecke gedrängt, gibt es mehrere mögliche Verhaltensreaktionen: Sie duckt sich reglos, um so der Wahrnehmung des Beutegreifers zu entkommen. Oder sie versucht, am Boden entlang an ihrem Gegner vorbeizukommen und zu entwischen. In der Not wird sie u.U. auch probieren, ob sie über das Hochspringen auf eine erhöhte Position oder gar Hochlaufen an einer Senkrechten fliehen kann.

Vögel bewegen sich am Boden hüpfend bzw. auf der Stelle unruhig „auf und ab wackelnd", wenn sie scharren oder nach etwas picken. Oft hüpfen sie ein paar Sprünge an eine neue Stelle, picken dort ein wenig, bevor sie erneut einige Hüpfer weiter ziehen – dabei folgen sie keiner klaren Richtung, sondern hüpfen meist in einem bestimmten Bereich hin und her. Dieses sind die Bewegungsarten, auf die Katzen besonders interessiert reagieren. Ein fliegender Vogel ist nur dann spannend, wenn er sich in Sprungweite der Katze befindet.

Gerät ein Vogel in eine Notsituation, bewegt er sich gar nicht oder versucht, wegzufliegen bzw. sich durch Flugversuche zu befreien. In diesem Fall sind seine Bewegungen hektisch und schnell. Ist er in einem Raum gefangen, flattert er viel an dessen Rändern entlang mit Tendenz zur Decke, um dort nach Fluchtmöglichkeiten zu suchen.

Sowohl Mäuse als auch Vögel (und andere Beutetiere) „stellen sich tot", wenn sie von einem Beutegreifer gefangen wurden. Sie versuchen nicht, aus dem Maul auszubrechen und auch nicht unbedingt, sich aus zwei Pfoten zu winden, die sie gerade festhalten. Diese Fluchtversuche würden ein extrem hohes Verletzungsrisiko bergen. Stattdessen warten sie mit einem Weglaufversuch so lange, bis der Beutegreifer kurz von ihnen ablässt.

Insekten bewegen sich am Boden je nach Art von sehr langsam bis schnell und dabei auch über freie Flächen. Stellen Sie sich vor, wie eine Spinne über den Boden läuft oder eine Ameise im Garten über einen Sandweg. Auch das Flugtempo und die Flugbahnen der fliegenden Insekten variieren stark. Während etwa eine Libelle schnell und „zielstrebig" zu fliegen scheint, bewegen Fliegen sich hektisch hin und her und Schmetterlinge langsamer und „flatterhafter". Typisch für viele Insekten ist es, um eine Pflanze oder einen Gegenstand herumzuschwirren.

Ableitungen für Spiel

Es kommt nicht nur darauf an, der Katze attraktiv aussehende Spielbeute anzubieten. Die Attraktivität von Spielzeug ist darüber hinaus maßgeblich abhängig davon, wie „echt" es sich bewegt (bzw. vom Menschen bewegt wird). Um eine Katze zu Beutefangspielen zu animieren, können Sie versuchen, das Spielzeug wie eine unbedachte Maus oder einen unaufmerksamen Vogel zu bewegen. Ein insektenartiges Spielzeug könnte einfach an der Wand loskrabbeln. Später im Spielverlauf können sie typisches Fluchtverhalten simulieren.

Zum Nachdenken / Ausprobieren: Im echten Leben nehmen Katzen ihre Beutetiere meist nicht unmittelbar neben sich wahr, sondern in mehreren Metern Entfernung. Wie wäre es deshalb, genau das mal systematisch mit dem Spielzeug zu imitieren? Reagiert Ihre Katze intensiver, wenn Sie ein Spielzeug in 1 m, 3 m oder 5 m Abstand bewegen oder Geräusche machen lassen?

Da Katzen nicht nur zu jagen beginnen, wenn sie ihre Beute sehen, sondern besonders auch dann, wenn sie sie hören, kann man ein Spiel oft gut ganz unauffällig und „heimlich" beginnen. Versuchen Sie eine Situation zu schaffen, in der das von Ihnen mit dem Spielzeug verursachte Geräusch überraschend kommt. Das Ziel wäre es, dass Ihre Katze nicht gleich versteht, dass Sie Ihre Finger im Spiel haben, sondern ihre Neugier geweckt wird.

Zum Nachdenken / Ausprobieren: Reagiert Ihre Katze eher auf tippelnde, scharrende, raschelnde oder flatternde Geräusche? Welche Lautstärke findet sie dabei spannend – ganz leise oder ruhig etwas lauter? Auch wenn das draußen eher uninteressant ist: Wie verhält sich Ihre Katze, wenn in einem geschlossenen Raum ein Vogelpiepen ertönt? Da dies ein Vogel in strategisch schlechter Fluchtposition wäre, könnte es in diesem Kontext durchaus spannend sein.

Zum Nachdenken / Ausprobieren: Wie verhält sich Ihre Katze, wenn ein bestimmtes Spielzeug sich mitten auf dem Teppich, also auf freier Fläche bewegt und wie reagiert sie auf das gleiche Spielzeug, wenn es sich an eher getarnten Orten bewegt?

Fängt Ihre Katze ein Spielzeug, dann lassen Sie es sich für einen Moment tot stellen (vgl. *Teil 2 – Gemeinsames Spiel: Beutefangspiele – Ablauf einer gemeinsamen Spieleinheit*), bevor sie es in bester Beutemanier fliehen lassen. Versuchen Sie dabei, das Spielzeug wie eine fliehende Maus oder einen fliehenden Vogel zu bewegen.

Zum Nachdenken / Ausprobieren: Ist Ihre Katze eher bereit, der fliehenden Spielbeute kurz ein paar Meter hinterherzuhetzen, wenn sie diese zuvor bereits in den Pfoten hatte und die Beute sich daraufhin tot gestellt hatte?

Und schließlich: Die typischen Beutetiere von Katzen würden nicht mitten auf dem freien Feld oder auf dem Wohnzimmerteppich ein entspanntes Nickerchen machen. Das ist einer von mehreren guten Gründen, Spielzeuge regelmäßig wegzuräumen (vgl. *Teil 3 – Organisatorisches und Sicherheit – Sicheres Spielen*).

Elemente einer Jagdsequenz

Hunde gehören zu den Hetzjägern (wenngleich ihnen auch andere Jagdtechniken zur Verfügung stehen). Das bedeutet, dass sie eine einmal ausgemachte Beute verfolgen und jagen – sie hetzen, bis diese erschöpft ist und gestellt werden kann. Katzen hingegen sind Lauerjäger. Was heißt das eigentlich? Es heißt, dass Katzen ihre Beute vornehmlich aus einer getarnten Position heraus belauern, um dann im richtigen Moment hocheffizient zuzuschlagen. Und das heißt, dass Katzenjagd die meiste Zeit über ein – von außen betrachtet – recht ruhiges Geschäft ist, das durchaus einige Zeit in Anspruch nehmen kann. Wie kann man sich den Ablauf einer Jagdsequenz vorstellen? Das ist abhängig davon, welche Art von Beutetier die Katze ins Visier genommen hat. Die folgende Beschreibung bezieht sich vornehmlich auf die Jagd des wichtigsten Beutetieres der Katze, der Maus:

1. Wahrnehmung

Eine Maus zieht die Aufmerksamkeit der Katze auf sich, indem sie sich im Umfeld der Katze entweder sichtbar bewegt oder Geräusche verursacht.

2. Beobachtung

Die Katze wertet erste Informationen aus: Womit könnte sie es zu tun haben? Könnte das eine Maus sein? Wie ist ihre aktuelle strategische Position gegenüber der vermeintlichen Maus? Kann sie bleiben, wo sie ist? Oder sollte sich die Katze lieber in eine bessere Position bringen, um mehr über das potenzielle Beutetier zu erfahren bzw. mehr Aussicht auf einen Jagderfolg zu haben?

3. Tarnung

Wenn die Katze nicht zufällig schon in einer guten und unauffälligen Tarnposition sitzt, wird sie sich jetzt vorsichtig zu einer solchen hinschleichen. Jedes Verlassen der Tarnung birgt das Risiko, dass die Maus die Katze entdeckt und erfolgreich fliehen kann. Die Katze muss also gut überlegen, wann und ob sie sich aus einer weiter entfernten Tarnposition herauswagt, um sich näher heranzupirschen und schließlich die Maus zu greifen. Optimalerweise ist die Lauerposition der Katze maximal einen Sprung weit von der Maus entfernt. Bewegt sich eine Maus immer weiter vom aktuellen Versteck der Katze weg, wird sie versuchen, hinterherzuschleichen und eine neue Tarnung zu finden. Die Katze kommt auch dann aus ihrer Lauerposition hervor, wenn ihre Beute ein Versteck aufsucht. Kann die Katze die Beute nicht mehr sehen, kann sie davon ausgehen, dass auch die Beute sie nicht so schnell entdeckt, wenn sie sich diesem Versteck nähert, um die Maus dort zu erwischen.

4. Lauern

Die Katze sitzt in einer kauernden Position, alle ihre Sinne sind vornehmlich auf das Beutetier gerichtet (eine Restaufmerksamkeit bleibt in der Umgebung, damit die Katze nicht selbst z.B. einem Hund zum Opfer fällt). Sie beobachtet und belauert es intensiv und wartet auf den richtigen Moment, um zuzuschlagen. „Richtiger Moment" bedeutet, dass die Maus entweder unbedarft die Distanz zur Katze verringert und damit in komfortable Sprungweite kommt und/oder dass sie der Katze die Seite bzw. das Hinterteil zuwendet. Es ist davon auszugehen, dass die Katze außerdem auf einen Augenblick wartet, in dem die Fluchtmöglichkeiten für die Maus sich verschlechtern. So wäre es riskant, eine Maus sofort anzuspringen, wenn diese die Nase aus dem Mauseloch steckt. Einige Sekunden Selbstbeherrschung später hat die professionell lauernde Katze ihre Erfolgschancen drastisch erhöht, wenn sie die Maus erst anspringt, wenn diese vom Fluchtweg Mauseloch schon einige Schritte entfernt ist und die Katze sich zwischen Maus und Mauseloch bringen kann.

Dieses Warten auf den perfekten Zeitpunkt kann leicht mehrere Minuten, aber auch gerne eine halbe Stunde oder länger dauern.

Beispiel: Als ich meinen jetzigen Kater Monty kennenlernen wollte, lebte er als zugelaufener Streuner an einem Offenstall für Pferde. Angeschlossen war eine große Scheune mit Strohballen und einigem Pferdeequipment. Unter anderem stand dort vor einer Wand eine große alte Truhe, die mit Hafer gefüllt war. Monty kauerte vor dieser Truhe, als ich eintrat. Ich habe kaum einen Seitenblick geerntet. Nachdem ich ihn einige Zeit beobachtet hatte, bin ich zu ihm gegangen und habe ihn direkt angesprochen. Daraufhin bekam ich eine kurze Begrüßung, war aber sofort wieder abgemeldet. Monty war hochbeschäftigt und hatte keine Zeit für sozialen „Klönschnack". Stattdessen galt seine ganze Aufmerksamkeit dem Bereich unter und hinter der Truhe, beides Hohlräume, in die er nicht gelangen konnte und wo sich offenbar etwas Spannendes bewegte. Ich habe ihm insgesamt etwa 40 Minuten zugeschaut, wie er immer wieder minutenlang regungslos ausharrte, um sich dann in eine neue, nun bessere Ausgangsposition zu bringen. Für Monty war diese Jagd kein Spiel, sondern galt dem Erwerb einer Hauptmahlzeit. Entsprechend hoch war seine Motivation, wirklich konzentriert bei der Sache zu bleiben. (Er hatte mehr Zeit und Ruhe für ein Kennenlernen, als ich an den nächsten Abenden mit Futter wiederkam.)

Für die Vogeljagd stellen Tarnung und Lauern besonders große Herausforderungen dar, denn die Zeit ist knapp. Vögel bleiben nur vergleichsweise kurz an einem Fleck am Boden. Wartet die Katze zu lange, ist die Gefahr groß, dass er wegfliegt. In der Regel versuchen Katzen deshalb, sich die letzten Meter an einen Vogel geduckt heranzupirschen. Dabei wählen sie die Route, die ihnen die größte Tarnmöglichkeit bietet, z.B. durch hohes Gras oder Gestrüpp. Beträgt die Distanz nur noch ein bis zwei große Sätze, erfolgt der Angriff.

Viele jagderfahrene Katzen scheinen von einem Jagdversuch auf einen Vogel abzusehen, wenn dieser z.B. mitten auf einem gemähten Rasen hockt und somit ein unbeobachtetes Anpirschen gar nicht möglich und damit die Erfolgsaussicht verschwindend gering ist.

5. Anspringen und Packen

Dies ist der Punkt, an dem die Jagd einer Katze für einen Beobachter actionreich wird. Die Katze schnellt aus ihrem Versteck hervor und springt direkt auf die Maus, am besten mit einem einzigen Sprung. Dabei versucht sie, mit ihren Vorderpfoten auf dem Opfer zu landen, und dieses dann direkt mit dem Maul im Nacken zu packen.

Ist sich eine Katze aus irgendeinem Grunde noch nicht sicher, mit was für einer Beute sie es zu tun hat – oder ob es sich überhaupt wirklich um Beute handelt – wird sie an diesem Punkt u.U. etwas defensiver vorgehen. Das könnte heißen, dass sie nach einem ersten Anspringen sofort wieder in einen Sicherheitsabstand zurückspringt oder auch, dass sie kurz vor der vermeintlichen Beute stoppt und diese zunächst mit der Pfote anstößt (bei unbeweglicher Beute) oder ihr einen Pfotenschlag versetzt (bei womöglich gefährlicher Beute).

Daraus kann sich ein ausgiebiges „Müde-Spielen" entwickeln. Dabei nähert sich die Katze ihrer Beute wiederholt, setzt gezielte Pfotenhiebe aus größtmöglichem Abstand, bevor sie sich wieder ein Stückchen in sichere Entfernung zurückzieht. Hierbei handelt es sich keinesfalls um ein Spiel, sondern um – im Zweifelsfall blutigen – Ernst: Katzen wenden dieses Vorgehen bei Beute an, die sie als wehrhaft und gefährlich erachten, z.B. Schlangen oder Ratten. Das Ziel dabei ist, das optimalerweise vielleicht schon verletzte Beutetier so weit zu erschöpfen, dass der eigentliche Angriff zum tödlichen Biss erfolgen kann, ohne sich selbst einem großen Verletzungsrisiko auszusetzen.

6. Hetzen / Verfolgen

Kann die Maus beim ersten Anspringen entwischen, wird eine kurze Verfolgungssequenz folgen. Die Katze versucht, die Maus sofort wieder zu orten und erneut anzuspringen und zu packen. Dabei kommt es nicht zu langen Hetzjagden wie bei Hunden, sondern es handelt sich mehr um ein hektisches Suchen, um tastendes Stochern im hohen Gras oder im Laub, Graben in frisch aufgeworfener Erde, vielleicht verbunden mit schnellen Sprüngen zur neuen vermuteten Position der Maus. Kann sich die Maus erfolgreich in ein Versteck retten, wird die Katze in der Regel erneut eine geeignete Lauerposition einnehmen und auf ihre nächste Chance warten.

Wie sieht es aus, wenn die Katze versucht, einen Vogel zu fangen, und dieser fliehen kann? Würde sie den Vogel verfolgen? Werden Insekten verfolgt? Und wenn ja, wie läuft diese Verfolgung ab? Fliegt ein Vogel auf und hoch, dann wird die Katze in den meisten Fällen direkt von der weiteren Jagd auf diesen Vogel Abstand nehmen. Es ist ja auch wirklich absehbar, dass eine Katze gegen einen wegfliegenden Vogel nicht die geringste Chance hat. Eine Verfolgung des Vogels vom Boden aus wäre ziemlich sicher vergebene Liebesmüh und der Energieaufwand würde in keinem Verhältnis zum Nutzen und zu den Erfolgschancen stehen. Das scheinen Katzen durchaus zu wissen. Anders verhält es sich, wenn ein fliegendes Beutetier in Reichweite der Katze bleibt. Kann ein Vogel aus irgendeinem Grund nicht in die Höhe fliehen oder fliegt ein Schmetterling in einem knappen Meter Höhe über die Wiese, werden viele Katzen versuchen, diese Beute doch noch mit einem verwegenen Sprung zu ergattern. Auch in diesem Fall haben wir es allerdings – wenn überhaupt – nur mit zeitlich und räumlich kurzen Verfolgungsjagden zu tun.

7. Packen und Tragen

Hat die Katze ihre Beute erfolgreich gepackt, folgen typischerweise als weitere Schritte das Töten und der Verzehr der Beute (vgl. *nächster Punkt*). Es kann jedoch vorkommen, dass dies nicht sofort erfolgt, sondern es zu einem oder mehreren Zwischenspielen kommt: Zum einen neigen Katzen dazu, ihre Beute an einem für sie sicheren Ort zu fressen. Ist das aktuelle Jagdgebiet der Katze aus ihrer Sicht dafür nicht geeignet, wird sie die Beute zunächst in die Kernzone ihres Reviers tragen. Zum anderen kann es sein, dass die Katze ein sogenanntes Stauungs- oder Erleichterungsspiel mit der Beute beginnt.

Das Spiel mit der noch lebenden Beute wird als Stauungsspiel bezeichnet (Leyhausen 1982). Es erfolgt vor allem dann, wenn die Katze zuvor lange keine echte Beute jagen konnte bzw. keine Jagderfolge hatte und nahezu ausschließlich mit Mäusen bzw. kleinen Beutetieren. Das Spiel mit der bereits getöteten Beute nennt man Erleichterungsspiel. Mit beiden Varianten bringt sich die Katze aus Spaß an der Freude wiederholt in das Vergnügen, die Beute erneut anspringen und packen zu können. Dabei wird die Beute gerne auch hoch in die Luft geworfen, um sie dann aus der Luft zu fangen oder an ihrer neuen Position ein weiteres Mal zu erbeuten. Wie die Namen schon sagen, verwischt während des Stauungs- und vor allem während des Erleichterungsspiels der ernste und konzentrierte Jagdkontext und die Katze beginnt zu spielen. Dies steht in keinem Zusammenhang mit dem „Müde-Spielen" gefährlicher Beute. Flieht die vermeintlich gesicherte Beute jedoch, kann die Katze sofort in den Jagdmodus zurückwechseln. Je weniger die Katze auf die Beute als Nahrungsquelle angewiesen ist und je spannungsgeladener die Jagd vorher war, desto höher ist die Chance auf ein Erleichterungsspiel: „In solchen Fällen muß [...] die Beutefangstimmung also einen erheblichen Spannungsgrad erreichen, und mit dem Töten der Beute entfällt plötzlich dieser Druck: Die aufgespannte, nunmehr freiwerdende Beutefangerregung macht sich buchstäblich im „Übersprung" Luft." (Leyhausen 1982: 109).

8. Töten und Konsum

Das Ende der Jagdsequenz besteht im Töten des Beutetieres. Alle Schritte zuvor führen in einer erfolgversprechenden Reihenfolge auf dieses Ziel hin. Der Konsum der Beute hingegen gehört streng genommen nicht zum Jagdverhalten selbst, sondern zum Funktionskreis der „Nahrungsaufnahme". Katzen gehen übrigens nicht nur dann auf die Jagd, wenn sie Hunger verspüren. Jagdverhalten kann leicht auch in nicht hungrigen Katzen ausgelöst werden. Bedenkt man, dass nicht jeder Jagdversuch von Erfolg gekrönt ist, ist die teilweise Entkopplung der Motivation zur Jagd vom Hungergefühl wirklich sinnvoll. Die Katze, die sich selbst ernähren muss, tut gut daran, rechtzeitig und vorausschauend für die nächste Mahlzeit zu sorgen. Ob eine Katze sich an eine etwas gefährlichere Beute heranwagt oder doch lieber auf eine sicherere Gelegenheit wartet, ist jedoch durchaus abhängig von der unmittelbaren physischen Notwendigkeit, die nächste Mahlzeit zu ergattern (Bradshaw 2012).

Ableitungen für das Spiel

Viele engagierte Katzenmenschen möchten ihre Katzen gerne toll auslasten und bespielen. Ihr Bild von einer richtig glücklich spielenden Katze beinhaltet oft eine, die wie eine Irre dem Spielzeug nachjagt und dabei durch das Zimmer fliegt – und zwar unermüdlich eine halbe Stunde am Stück. Schaut man sich das typische Jagdverhalten der Katze an, kann man sich eher wundern, dass es überhaupt so viele Katzen gibt, die dieses Wunschbild erfüllen. Typisch Katze ist das nämlich eigentlich nicht. Typisch Katze ist es, Ewigkeiten die Spielbeute zu beobachten, dabei vermeintlich unsichtbar in Tarnverstecken auszuharren und eben auf den richtigen Moment zum Zupacken zu warten. Dafür gibt es einen effizienten Sprung – und dann ist die Katze fertig. Ganz die Lauerjägerin eben.

Wenn man sich das klar macht, kann diese Sichtweise für interaktive Spiele zwischen Katze und Mensch neue Freiräume schaffen. Wer eine „fliegende" Katze erwartet, kann von einer lauernden Katze nur enttäuscht werden. Egal, wie engagiert die Katze lauert, denn darauf wurde in der Regel noch gar nicht so richtig geachtet. Der Mensch denkt, die Katze fände das angebotene Spiel uninteressant und beendet es frustriert. Und die Katze bleibt ihrerseits enttäuscht zurück, dass die spannende Beute einfach in die Schublade geräumt wird oder, vielleicht noch schlimmer, nun plötzlich einfach langweilig und tot auf dem Boden herumliegt. Lässt man sich hingegen auf das ruhigere Lauerspiel der Katze ein, dann mag das zwar ganz schön langweilig sein und viel Geduld erfordern. Aber dann können Sie plötzlich belohnende Elemente entdecken, die klare Indizien dafür sind, dass Ihre Katze Ihr Angebot durchaus schätzt.

Zum Nachdenken / Ausprobieren: Rufen Sie sich bitte einmal frühere Spielversuche in Erinnerung oder machen Sie Ihrer Katze jetzt ein neues Spielangebot und beobachten Sie völlig erwartungsfrei die Reaktion Ihrer Katze: Beobachtet Ihre Katze das Spielzeug? Sind ihre Schnurrhaare zeitweise weiter gefächert als normal oder gar nach vorne gespreizt? Die Ohren aufmerksam nach vorne gespitzt, so dass sie etwas näher beieinander stehen als im entspannten Zustand? Werden die Pupillen der Katze für kurze Momente weit, wenn Sie die Spielbeute bewegen? Steht sie vielleicht von ihrem Ruheort auf in eine sitzende Haltung? Oder schleicht sie sich sogar etwas näher an und sucht sich eine geeignete Lauerposition?

Ist auch nur eines dieser Kriterien erfüllt, dann war ihr Beschäftigungsangebot erfolgreich!

Vergegenwärtigen Sie sich noch einmal, was eine Katze im „echten Leben" dazu veranlasst, eine Tarnposition aufzugeben und sich zu bewegen: ein unaufmerksames Beutetier in Sprungreichweite oder ein Beutetier, das sich zu weit weg und außer Sicht, z.B. in ein Versteck, bewegt.

Zum Nachdenken / Ausprobieren: Wenn Ihnen das nächste Mal das ausdauernde Lauern Ihrer Katze zu öde wird, bewegen Sie die Spielbeute bewusst in eine entsprechende Richtung. Lassen Sie z.B. die „Maus" am Ende der Spielangel unbedarft am Versteck der Katze vorbeilaufen, den „Vogel" in erreichbarer Höhe über die Katze hinwegfliegen oder das „Insekt" um die nächste Ecke oder in ein eigenes Versteck krabbeln.

Zum Nachdenken / Ausprobieren: Probieren Sie im Laufe der Zeit unterschiedliche Tarnangebote für Ihre Katze aus. Was in Ihrer Wohnung wäre dafür geeignet? Häufig gut nutzbar sind: verschiedene Stühle, Sessel, Sofas – sprich: ganz viele Ihrer Möbel, Pflanztöpfe und -kübel, Spieltunnel, Höhlen unter über Möbel hängenden Decken oder für die Katze angerichteten Packpapierhaufen, der Platz hinter geöffneten Türen, Türrahmen u.Ä.

Variieren Sie außerdem die Verstecke, in denen sich die Spielbeute verschanzt. Denken können Sie dabei z.B. an: unter dem Läufer oder einer dafür bereitgelegten Decke, unter der Tür, unter dem Schrank, in einem Schuh, einer Papiertüte oder einem Karton, aber auch oben unter der Decke in der Zimmerecke für Insektenspielzeuge (realisierbar mit Spielzeugen an einem festen Draht oder Stab). Springt Ihre Katze auf eines dieser Beuteverstecke besonders interessiert an?

Tipp: Spezielle Kratztonnen für Katzen, deren Höhlen miteinander verbunden sind, sind oft keine besonders beliebten Schlafplätze, aber gut geeignet, um darin Katz und Maus zu spielen.

Zum Nachdenken / Ausprobieren: Reagiert Ihre Katze an unterschiedlichen Orten in Ihrer Wohnung unterschiedlich gut auf Spielangebote? Falls das der Fall ist: Könnte ein Zusammenhang damit bestehen, dass es an einigen Orten bessere Tarnmöglichkeiten gibt, die die Katze benutzen kann, z.B. sich unter oder hinter einen Stuhl hocken oder hinter einer Pflanze sitzen?

Noch einmal: Die Katze ist eine Lauerjägerin und das Lauern nimmt in der vollständigen Jagdsequenz einen Bärenanteil der Zeit ein, oftmals 90 Prozent und mehr. Es stellt also eine der Hauptbeschäftigungen der wachen, jagenden Katze dar. Deshalb können wir uns ziemlich sicher sein, dass Lauerspiele für eine Katze kurzweilig und befriedigend sind. Lauerspiele sind zufriedenstellende Kopfarbeit verbunden mit einem Katzenkörper in mehr oder minder großer Sprungbereitschaft. Sie sind also auch körperlich nicht so anspruchslos, wie man im ersten Moment denken könnte. Viele Katzen scheinen mittelfristig ausgelasteter und zufriedener, wenn der Anteil des Lauerns im interaktiven Spiel den des Packens und Ringens mit der Beute deutlich übersteigt, obwohl sie sich dann nicht so aktiv auspowern.

Geben Sie Ihrer Katze im interaktiven Spiel bitte immer wieder die Chance, das Spielzeug auch wirklich zu fangen. Sonst kann es sein, dass sie irgendwann keine Energie mehr darauf verschwenden will.

Fängt die Katze das Spielzeug, sollte es sich tot stellen. Ziehen Sie also bitte nicht sofort an der Angel oder versuchen gar, es ihrer Katze aus dem Maul zu reißen oder unter ihren Pfoten wegzuziehen. Das wäre kein typisches Beuteverhalten und könnte eine Game-orientierte Katze irritieren. Außerdem besteht ein gewisses Verletzungsrisiko, wenn man als Mensch zu rabiat zu Werke geht, während Zähne oder Krallen fest im Spielzeug verankert sind. Warten Sie für den Fluchtversuch der Beute auf einen Augenblick, in dem die Katze kurz davon ablässt, die Pfote herunternimmt oder die Beute aus dem Maul auf dem Boden ablegt. Natürlich führt nun der Fluchtweg des Beutetieres von der Katze weg ...

Möchte die Katze die gepackte Beute wegtragen, dann lassen Sie sie das tun (vgl. *Teil 2 – Exkurs: Verteidigung des Spielzeugs*)! Dabei können Sie lernen, welche Stellen in der Wohnung Ihre Katze als Inbegriff der Kernzone ihres Reviers betrachtet. Spannend, oder?

Verhalten der Beutetiere

Es wurde bereits betont, dass viele Katzen eine Vorliebe für kleine Beutetiere und entsprechend auch eher kleinere Spielzeuge haben. Die Größe eines Beutetieres ist jedoch nicht der einzige Faktor, der dazu beiträgt, ob die Katze die Jagd auf ein bestimmtes Tier als ausreichend gefahrlos einschätzt:

„Höchst ungern nur greift eine Katze ein Beutetier an, das ihr gerade ins Gesicht blickt. Sie hält daher auch mitten im Angriff inne oder bricht ihn ganz ab, wenn es dem Überfallenen gelingt, sich umzuwenden. […] Für das Raubtier birgt jede, auch eine geringfügige Verletzung die Gefahr, wegen einer Infektion „erwerbsunfähig" zu werden und schlimmstenfalls sogar zu verhungern oder in stark geschwächtem Zustand anderen Fleischliebhabern zum Opfer zu fallen." (Leyhausen 2005: 85).

Entscheidend ist also vor allem auch das Verhalten der potenziellen Beute gegenüber der Katze. Ratten sind nicht unbedingt aufgrund ihrer Größe respekteinflößend, sondern vor allem aufgrund ihrer Kampfbereitschaft. Ein Tier ist als Beutetier attraktiv und damit in wirklich großer Gefahr von der Katze angegriffen zu werden, wenn es sich wie ein Beutetier verhält: ängstlich, fluchtbereit, vielleicht versuchend zu fliehen. Es gibt einzelne Momente, in denen selbst Mäuse eine gewisse Wehrhaftigkeit zeigen: Dann drehen sie sich frontal zur Katze und stellen sich auf die Hinterbeine. Keine meiner Katzen konnte ich schon mal dabei beobachten, in solch einem Augenblick ebenfalls frontal auf die Maus zuzugehen und sie mit dem Maul zu packen. Stattdessen weichen sie leicht zurück, um dann ihre Ausgangsposition zu verändern, so dass sie die Maus von hinten bzw. seitlich-hinten attackieren können (Anmerkung: Dies sind alte Beobachtungen. Inzwischen bin ich Expertin im Mäuseeinfangen und Raussetzen, so dass sich solche Situationen in meiner Anwesenheit glücklicherweise nicht mehr entwickeln können). Der Biss einer Maus wäre für eine Katze schmerzhaft und gefährlich und ist deshalb zu vermeiden.

Zeigt ein Beutetier noch stärkere Selbstverteidigung, wird die Katze auf größeren Abstand zurückweichen. Ihre eigene Sicherheit hat in der Regel hohe Priorität. Einige Katzen würden in einem solchen Fall die Jagd auf dieses Tier abbrechen und gehen. Andere würden in der Nähe bleiben, beobachten, vielleicht versuchen, die Beute müde zu spielen, oder auf einen guten Moment lauern, um doch noch erfolgreich angreifen zu können.

Jagdverhalten als Vorbild für Spiel mit der Katze

> **Beispiel:** Monty hat vor einiger Zeit eine nicht allzu große Ratte gefangen und ins Haus gebracht. Er hat sich also an sie herangetraut und sogar erfolgreich gepackt (unbeobachtet). Drinnen hat er sie nach dem Absetzen „verloren". Solange die Ratte in einem Versteck war, fand er sie äußerst spannend und hat sie belauert. Als ich das Versteck abgebaut habe, um die vermeintliche Maus einzufangen und rauszusetzen, ist die Ratte ca. 30 bis 40 cm auf Monty zu gesprungen und hat ihn angefaucht. Monty hat daraufhin den Rückzug angetreten, an meinem Bein geköpfelt und hat schließlich sogar das Zimmer verlassen. Diese Ratte kam für ihn als Beutetier definitiv nicht mehr infrage.

Das heißt also zweierlei:

1. Entpuppt sich eine potenzielle Beute als gefährlich, kann dies zum Abbruch der Jagd führen. Katzen befinden Beute in der Regel nicht erst für „gefährlich", wenn diese selbst zum Angriff übergeht. Gefährlich heißt schon: Das Beutetier wendet sich der Katze frontal zu oder verringert mit offenkundigem Sichtkontakt die Distanz zur Katze.

2. Entscheidet sich die Katze, die Jagd weiterzuführen, wird sie in größerem Abstand zur Beute bleiben, viel beobachten und lauern und oftmals nur wenig in direkten Kontakt mit ihr gehen. Am wahrscheinlichsten sind in diesem Fall Pfotenhiebe aus größtmöglicher Distanz, um die Beute zu verletzen und zu ermüden, ohne den eigenen Körper und vor allem auch den eigenen Kopf in eine allzu verletzliche Position zu bringen.

Ableitungen für das Spiel

Wenn wir unsere Katzen mit Jagdspielen erfreuen möchten, müssen wir uns immer wieder an den Unterschied zwischen attraktiver ängstlicher Beute und womöglich beängstigend wehrhafter Beute erinnern. Dies ist ein zweiter Aspekt der oben bereits beschriebenen Herausforderung, die Spielbeute immer wie eine typische Maus oder einen typischen Vogel zu bewegen. Einerseits sorgen die nachgeahmten Bewegungsmuster für Attraktivität. Gleichzeitig können Sie so sicherstellen, dass Ihre Katze die Spielbeute nicht als „zu gefährlich" einstuft. Das passiert häufiger, als man denkt:

Stellen Sie sich vor, Sie bewegen eine Spielangel. Und Ihre Katze guckt und guckt und guckt. Weil sie lauert. Und Sie wedeln engagiert mit der Angel herum und Ihre Katze guckt immer noch. Eigentlich wollen Sie ja, dass sie die Beute an der Angel fängt. Der typische Impuls ist, jetzt mit der Angel näher an die Katze heranzugehen. Vielleicht sogar die Katze mit der Spielbeute zu berühren, mit dieser an die Pfoten oder sogar an den Kopf der Katze zu tippen. Kommt Ihnen das bekannt vor? Ich verspüre diese Impulse selbst noch immer, obwohl ich es seit vielen Jahren besser weiß. Es kann auch sein, dass die Katze bei einer solchen Berührung wirklich endlich nach dem Spielzeug schlägt oder es packt. Aber die Wahrscheinlichkeit ist hoch, dass sie dabei eher defensiv-aggressives als spielerisches Verhalten zeigt, da sie sich gegen diese aufdringliche Beute schützen muss. Mutige und abenteuerlustige Katzen lassen sich an dieser Stelle vielleicht auf ein Raufspiel mit der wehrhaften Beute ein. Einige werden sich in eine bessere Ausgangsposition bringen, vielleicht mal nach dem Spielzeug schlagen und es vornehmlich beobachten. Aber sehr viele Katzen werden die Lust an ihm verlieren und sich auf sicheren Abstand zurückziehen. Weil sie keinen Spaß an gefährlicher Jagd haben – und schon gar nicht daran, bedrängt und bedroht zu werden. Wenn wir als Menschen im interaktiven Spiel die Beute häufig wehrhaft und angriffslustig bewegen, schaffen wir für die Katze regelmäßig unsichere und unangenehme Situationen. Damit besteht sogar die Gefahr, dass die Katze die Lust verliert, mit uns zusammen zu spielen.

Unter Umständen kommt hier auch noch der Game-Faktor ins Spiel: Die Katze hat eine Vorstellung davon, wie eine Maus sich bewegt und darauf reagiert, wenn sie von der Katze bedroht wird. Nun steht sie einer Spielmaus gegenüber, die ihr auf dem Kopf herumhüpft. Welche Maus, die ihre Sinne beisammen hat (und nicht tollwütig ist), würde das machen?

Zum Nachdenken / Ausprobieren: Hand aufs Herz: Sind Sie oder Ihre Familienmitglieder in der Vergangenheit vielleicht Ihrer Katze gegenüber etwas aufdringlich mit Spielzeugen umgegangen? Wie hat sie darauf reagiert? Hat das Interesse an diesen Spielzeugen nachgelassen?

Jagdverhalten als Vorbild für Spiel mit der Katze

Zum Nachdenken / Ausprobieren: Reagiert Ihre Katze heute auf bestimmte Spielzeuge besonders zurückhaltend? Scheint sie absichtlich wegzugucken, wenn das Spielzeug sich bewegt? Oder geht sie sogar auf größere Distanz und weicht dem Kontakt aus? Das spräche dafür, dass Ihre Katze Meideverhalten zeigt, sich also dem Spielzeug gegenüber unwohl und unsicher fühlt. In diesem Fall würde ich dieses Spielzeug entsorgen oder lange weglegen.

Zum Nachdenken/Ausprobieren: Gibt es Spielzeuge, die Ihre Katze offenkundig spannend findet, aber die sie nie so richtig angreift? Es könnte sein, dass diese für Ihre Katze unter „gefährliche Beute" fallen. Sie ist fasziniert, möchte aber doch lieber keinen Angriff riskieren. Sie könnten ausprobieren, ob sich das verändert, wenn sie diese Spielzeuge etwas defensiver werden lassen, z.B. durch Distanzerhöhung gegenüber der Katze, etwas ruhigeres Verhalten, keine frontale Ausrichtung auf die Katze. Wird es jetzt möglich für Ihre Katze, einen Pfotenhieb zu wagen? Falls nicht, ist das nicht schlimm. Freuen Sie sich einfach über das Interesse Ihrer Katze an diesem Spielzeug. Belauern und Verfolgen sind sehr katzentypische Aktivitäten und deshalb eine gute Beschäftigung.

Jagd als Teamsport?

Im echten Leben jagen Katzen solitär, d.h. alleine und in Eigenregie. Anders als bei Hunden oder Löwen gibt es keine Jagd im Rudel, an deren Ende die Beute dann geteilt und von allen (ggf. nacheinander) verzehrt wird. Die Katze geht allein auf die Jagd, fängt und frisst ihre Beute allein. Manchmal wird die Beute nach dem Fang freiwillig an einen Sozialpartner abgetreten, z.B. an die zu versorgenden Jungen, seltener an eine andere Katze der gleichen Gruppe. Belauern zwei Katzen das gleiche Beutetier, dann werden sie das in der Regel nicht gemeinsam tun im Sinne von: „Komm! Du von links, ich von rechts, und dann haben wir sie!" Stattdessen werden sie sich in Konkurrenz zueinander verstehen. Die zweite Katze stellt somit eine Bedrohung für die begehrte Ressource dar. Aus diesem Grund können auch zwei Katzen, die sich sonst gut verstehen, an lebender Beute schon mal unfreundlich zueinander werden, um ihren Anspruch auf das aktuelle „Jagdrecht" zu verteidigen. Dies kann auch dazu führen, dass eine Katze die potenzielle Beute aufgibt, um einen Konflikt mit der Konkurrentin zu vermeiden. Sie hält sich dann im Hintergrund oder räumt komplett das Feld. Von außen betrachtet kann das freiwillig aussehen und wird oftmals als „nett gemeint" interpretiert. Wir können aber davon ausgehen, dass diese Katze mehr oder weniger frustriert sein wird und nur abgibt, um eine körperliche Auseinandersetzung mit der anderen Katze und damit potenzielle Verletzungen zu vermeiden. Es ist unklar, wie häufig Katzen gegenüber anderen erwachsenen Katzen aus altruistischen Motiven handeln im Sinne von „Och, ich hatte ja vorhin schon eine Maus, aber ich weiß, dass du schon länger keinen Jagderfolg hattest. Komm, dann nimm du diese hier." Im Leben von freilebenden Katzen müsste das Ressourcenangebot vermutlich schon einem Schlaraffenland gleichen, um das zu einem realistischen Szenario werden zu lassen. Unter gut versorgten und satten Hauskatzen kann es vorkommen, dass eine Maus an eine gut befreundete Katze abgetreten wird, nachdem (!) sie fertig gejagt und „bespielt" wurde. Auch das ist allerdings nicht selbstverständlich.

Ableitungen für das Spiel mit Mitkatzen

Dass Katzen alleine jagen, hat unmittelbare Auswirkungen auf das Jagdspiel und lässt es besonders im Mehrkatzenhaushalt schwieriger werden, für die Katzen annehmbare Angebote zu machen. Dies gilt in zweierlei Hinsicht:

1. Viele Katzen fühlen sich beim Spielen durch ihre Mitkatzen gehemmt. Das ist leicht nachvollziehbar, wenn die zweite Katze sich wie eine Wahnsinnige auf jedes Spielzeug stürzt. Oft unterschätzt hingegen wird die bremsende Kraft, die eine zweite Katze durch bloße Anwesenheit und Beobachtung der Beute darstellen kann. Die gehemmte Katze beobachtet ihrerseits dann zwar das Spielzeug, aber sie wagt es nicht, einen Fangversuch zu unternehmen, weil sie einen Konflikt mit der anderen fürchtet.

2. Andere Katzen könnten durch ihre übermütigen Mitkatzen in Game-Konflikte kommen, nach dem Motto: „Man jagt aber nicht zu zweit! Das geht so nicht!" Oder auch: „Wenn du so laut hier herumspringst, wäre jede echte Beute doch lange weg. Lass den Quatsch! So geht das erst recht nicht!"

Daran können Sie erkennen, dass Beutefangspiele mit Spielzeugen in Ihrem Mehrkatzenhaushalt gut funktionieren:

- 🐾 Alle Katzen kommen ihrem Aktivitäts- und Gesundheitslevel gemäß ausgeglichen zum Zuge. Das heißt: Alle Ihre Katzen spielen! Ausnahmen sind hier nur für umtriebige Freigänger erlaubt, die ihre Energien zuverlässig draußen verbrauchen.

- 😺 Keine Katze erschrickt sich (regelmäßig), wenn eine andere nach dem Spielzeug springt.
- 😺 Keine Katze unterbricht ihr Spiel, wenn eine andere den Raum betritt.
- 😺 Stattdessen können sie in Anwesenheit der anderen unbefangen auf die Beute springen und sich wild über den Boden kugeln.
- 😺 Die Katzen werfen beim Spielen bzw. beim Lauern nicht ständig sichernde Blicke über die Schulter.
- 😺 Die Katzen wechseln sich beim Spielen mit Ihnen ab – erst wartet die eine beobachtend, während die andere mit Ihnen spielt. Ist die erste Spielerin müde oder bieten Sie das Spielzeug der zweiten an, wartet die erste nun geduldig, bis sie erneut an der Reihe ist.

Zum Nachdenken / Ausprobieren: Haben Sie mal ausprobiert, ob Ihre Katzen anders spielen, wenn sie jeweils mit Ihnen ganz alleine sind?

Zum Nachdenken / Ausprobieren: Lauert eine Ihrer Katzen wesentlich mehr als die anderen? Oder umgekehrt: Haben Sie einen Hallodri dabei, der sich immer sofort auf jedes Spielzeug stürzt, das Sie bewegen? Lauerkatzen haben im Mehrkatzenhaushalt oft nicht ausreichend Zeit, um bis zum Greifen der Beute zu kommen. Actionkatzen, die vor allem Spaß am Verfolgen und Packen der Beute haben, lassen Lauerkatzen wenig Chance auf ein befriedigendes Spiel.

Getrenntes Spiel

Es gibt verschiedene Möglichkeiten, getrenntes Spiel für die einzelnen Katzen im Alltag unterzubringen bzw. zurückhaltendere Katzen zu integrieren. Probieren Sie aus, was sich bei Ihnen mit Ihren speziellen Katzen realisieren lässt:

- 😺 Spiel, während die andere Katze tief schläft
- 😺 Spiel, während die andere Katze auf dem Balkon oder im Garten ist
- 😺 gemeinsames Spiel in einem Bereich, in dem die Katzen Positionen einnehmen können, auf denen sie nicht unmittelbar im Sichtbereich der anderen sind

- manchmal ein Kompromiss: ein Mensch nimmt zwei Spielangeln in die Hand und bespielt gleichzeitig zwei Katzen auf einiger Entfernung zueinander, am besten mit Möbeln dazwischen
- zwei Menschen spielen mit zwei Katzen in verschiedenen Zimmern (vielleicht bei geschlossenen Türen)
- ein Mensch spielt mit einer Katze, während die andere eine alternative Beschäftigung bekommt, z.B. Fummelbrett leerräumen oder Baldriankissen; dabei wird eine Zimmertür zwischen den beiden geschlossen (vgl. *Teil 2 – Hilfe zur „Selbstbeschäftigung"*)
- die Katzen werden zum Spielen durch eine Barriere voneinander getrennt, die Sicht ermöglicht, aber gewisse Distanzwahrung sichert (z.B. eine Kindersicherungstür oder eine Gittertür) – wenn nicht das Beobachtetwerden das entscheidende Hemmnis darstellt

Wenn Sie Ihre Katzen erstmalig für eine Spielsession separieren, rechnen Sie bitte mit Irritation auf mindestens einer Seite. Die wenigsten Katzen reagieren völlig gelassen oder kommentarlos auf eine solche Veränderung. Das heißt jedoch nicht, dass sie nicht lernen können, damit gelassen umzugehen. Wenn Sie sich für ein mögliches Vorgehen entschieden haben, nehmen Sie sich mindestens zehn Wiederholungen Zeit, um ein neues Ritual daraus werden zu lassen. Dann haben Ihre Katzen die Chance, sich an die neuen Abläufe zu gewöhnen. Natürlich dürfen Sie dabei kleine Optimierungen vornehmen.

Häufig ist es eine gute Idee, zunächst eine Runde mit der aktivsten Katze zu spielen. Dann eine mit der Zurückhaltenderen und anschließend noch ein kurzes (oder längeres) zweites Angebot für die Aktivkatze zu machen. So beugen Sie großer Ungeduld vor und bauen möglichen beim Warten entstandenen Frust gleich wieder ab.

Ableitungen für das Spiel mit dem Menschen

Nicht nur andere Katzen können sich so verhalten, dass jede ernstzunehmende Beute längst reißaus genommen hätte. Und nicht nur Katzen können eine Katze beim Spiel hemmen. Beides können auch wir Menschen aus Versehen oder unbedacht tun. Ich habe schon häufiger beobachtet, dass Menschen ihre Katzen beim Spielen gut gemeint und engagiert anfeuern („Ja, komm, komm, pack zu! Hol's dir!") oder die Bewegungen des Spielzeugs mit Lauten „unterstreichen" („Ui-hui-hui"). Beides könnte für eine Game-pedantische Katze etwas zu viel des Guten sein und störend wirken. Häufiger hemmt man als Mensch aber wahrscheinlich durch wesentlich weniger auffälliges Verhalten: Durch eine frontale Ausrichtung des eigenen Körpers auf das Spielzeug und / oder auf die Katze, durch intensives Anstarren der Katze (gut gemeinte Beobachtung, ob es auch spannend ist und sie gut mitspielt) bzw. durch zu viele, zu intensive, zu laute eigene Bewegungen. Dieses „Spielverhalten" des Menschen kann auf eine Katze leicht verunsichernd wirken. Womöglich mag so manche Katze die Spielbeute nicht fangen, weil sie glaubt, dass ihr Mensch es auf die Beute abgesehen hat – so intensiv, wie er das Spielzeug belauert. Und die wenigsten Katzen mögen Konflikte mit ihren Menschen.

Zum Nachdenken / Ausprobieren: Wie ist Ihre typische Körperhaltung beim Spiel mit Ihrer Katze? Sind Sie ihr zu- oder von ihr abgewandt? Wohin schauen Sie dabei? Spielt Ihre zurückhaltende, besonders lauerlastige Katze etwas extrovertierter, wenn Sie sich konsequent seitlich zu ihr ausrichten? Oder sie nur aus den Augenwinkeln beobachten und bei direktem Blickkontakt langsam blinzeln und anschließend den Kopf abwenden? Blinzeln und Kopfabwenden sind Beschwichtigungssignale, mit denen Sie Ihre friedlich-freundliche Absicht zum Ausdruck bringen können.

Zum Nachdenken / Ausprobieren: Wenn Sie im Alltag Ihre Katze an einer engen Stelle in der Wohnung treffen und an ihr vorbeigehen möchten – weicht sie dann oft leicht aus? Falls ja, probieren Sie doch beim Spielen mal aus, was passiert, wenn Sie sich selbst stärker aus dem Blickfeld nehmen. Das könnte z.B. heißen, dass Sie unter einer Tür hindurchspielen, mit Ihnen auf der einen und Ihrer Katze auf der anderen Seite (das geht häufig sehr gut in Altbauten). Oder Sie stellen oder hocken sich hinter einen Türrahmen, Vorhang oder einen Sessel, so dass Sie und Ihre Bewegungen weniger sichtbar sind. Gute Tarnangebote für Ihre Katze, in denen sie sich verstecken kann und von dort vor allem das Spielzeug und nicht Sie in Sichtweite hat, können ebenfalls hilfreich sein.

Zum Nachdenken / Ausprobieren: Reagiert Ihre Katze im Alltag aufmerksam, wenn Sie größere Bewegungen mit den Armen machen? Dann versuchen Sie doch mal, Ihre eigenen Bewegungen beim Spielen besonders klein zu halten. Dies geht gut bei Stocherspielen (vgl. Teil 2 – Gemeinsames Spiel: Beutefangspiele – Verschiedene Spielelemente fördern – Graben, Stochern, Hangeln), bei denen Sie mit einen Stab nur kleine Bewegungen machen. Probieren Sie aus, ob Sie eine Spielangel nur aus dem Handgelenk bewegen können. Einige Spielzeuge, wie z.B. der Cat Dancer können rein durch Bewegungen der Finger in Schwung gebracht werden. Auch eine ganze Reihe von besonderen Spielarten kommt ohne größere Bewegungen des Menschen aus (vgl. z.B. Teil 2 – Besondere interaktive Spielarten: Laserpointer, Wasserspiele, Futterspiele).

Was kann das Spielvergnügen bremsen?

Grundsätzlich sind Lebewesen spielbereit, wenn sie sich wohl und sicher fühlen (generell und in der akuten Situation), wach sind und keine ernsthaften Bedürfnisse im Wege stehen. In diesem Abschnitt möchte ich noch einmal auf zwei besondere Punkte hinweisen, bevor eine überblicksartige Zusammenfassung der bereits an verschiedenen Stellen angesprochenen Bremsen folgt.

Ist Ihre Katze gesund?

Falls Sie sich gerade intensiv mit diesem Buch beschäftigen, weil Ihre Katze nur noch wenig spielt und schwer zu begeistern ist, dann überprüfen Sie bitte einmal sehr genau den Gesundheitszustand Ihrer Katze. Es ist oft nicht leicht zu erkennen, dass eine Katze nicht hundertprozentig gesund ist, da Katzen ihre Schwächen verstecken, um nicht selber wie leichte Beute zu wirken. Die wenigsten Katzen zeigen sich wehleidig. Da viele Erkrankungen langsam entstehen, führen sie auch nicht zu abrupten Veränderungen im Verhalten oder Aussehen der Katze, sondern setzen schleichende Prozesse in Bewegung. Typisch für viele Erkrankungen ist dabei z.B. …

- … eine langsame Abnahme der allgemeinen Aktivität
- … eine wechselhafte Aktivitätsbereitschaft aufgrund von schwankendem Wohlbefinden
- … leicht struppiges, wuscheliges Fell, das nicht mehr dauerhaft eng und glänzend am Körper anliegt (gilt für Kurzhaarkatzen)

- 🐾 ... Zögern beim Springen oder Vermeidung von Sprüngen
- 🐾 ... abnehmendes Interesse an Spiel
- 🐾 ... verändertes Interesse an Interaktion mit Sozialpartnern
- 🐾 ... zunehmende Ängste und Unsicherheiten
- 🐾 ... verändertes Fressverhalten (Appetitlosigkeit, aber auch Heißhunger)
- 🐾 ... aggressive Reaktionen auf Körperkontakt

Gerade die Veränderung des Fells ist ein wichtiges Zeichen für Unwohlsein, das außer durch Erkrankungen auch durch (anhaltende bzw. wiederkehrende) Stresssituationen entstehen kann. Diese Katzen haben häufig großflächig am Rumpf aufgestelltes Fell. Und vielen Haltern kommt es nach recht kurzer Zeit bereits so vor, als wäre dieses Fell eben normal für ihre Katze. Das ist jedoch leider oft ein Irrtum, insbesondere wenn es sich um eine Kurzhaarkatze handelt.

Es gibt viele verschiedene Erkrankungen bei Katzen, die sich teilweise zunächst sehr ähnlich ausdrücken können. Wann wurde das letzte Mal bei Ihrer Katze ein großes Blutbild gemacht? Wenn Sie nach dem Lesen dieses Abschnitts denken, dass Sie nicht mehr ganz so sicher sind, was die Gesundheit Ihrer Katze angeht, und vor allem, wenn Ihre Katze über 4 Jahre alt ist, sollten Sie einen gründlichen Gesundheitscheck in der Tierarztpraxis inklusive Blutuntersuchung in Erwägung ziehen. Bestenfalls wissen Sie dann, dass alles in Ordnung ist und haben gute Referenzwerte für spätere Untersuchungen. Schlechtestenfalls erfahren Sie etwas über eine Erkrankung und können Ihre Katze nun durch frühzeitige Therapie bei der Genesung unterstützen. Neben organischen Erkrankungen sollten vor allem die Zähne überprüft (Sie erinnern sich bestimmt daran, wie schlimm sich Ihre letzten Zahnschmerzen angefühlt haben) und andere Schmerzhaftigkeiten ausgeschlossen werden. Viele Katzen leiden unter Arthrose, die schubweise stark und ansonsten langsam, aber stetig zu verringerter Bewegungsbereitschaft führt. Findet sich eine chronisch schmerzhafte Erkrankung, können Sie mit Ihrer Tierarztpraxis besprechen, welche Langzeittherapien geeignet sind, Ihre Katze zu entlasten. Nach guter Diagnosestellung können manchmal auch alternative Heilverfahren aus professioneller Hand Linderung oder Heilung bringen.

Hat Ihre Katze Angst oder viel Stress?

Dieser kleine Abschnitt öffnet den Deckel eines ziemlich großen Fasses. Eine ganze Reihe von Katzen leidet im Alltag unter Ängsten, die ganz unterschiedlicher Natur sein können. Und ein weiterer größerer Anteil zeigt sich zwar nicht unbedingt ängstlich, aber gestresst im weitesten Sinne durch regelmäßig wiederkehrende Widrigkeiten aus Katzensicht. Die Indizien dafür können manchmal sehr deutlich sein, oft gibt es jedoch eher indirekte Zeichen, die nicht leicht zu identifizieren sind.

In Verbindung mit Ängsten kann man häufig einen oder mehrere der folgenden Punkte beobachten:

- struppiges, großflächig aufgestelltes Fell (wie oben beschrieben)
- starke Schreckhaftigkeit
- schnelle Flucht an einen Rückzugsort
- häufiger und/oder andauernder Rückzug an versteckte, sichtgeschützte Orte
- wenig aktive Teilnahme am Leben, z.B. wenig Spiel und wenig Erkundungsverhalten, d.h. wenig Neugierde
- Meideverhalten gegenüber bestimmten Orten, Sozialpartnern oder Reizen
- defensives aggressives Verhalten
- Nutzung nur weniger Plätze oder Räume, obwohl mehr zur Verfügung stünde
- häufiges angespanntes und wachsames Beobachten der Umgebung und/oder der Sozialpartner
- wenige Bedingungen, unter denen Entspannung und Tiefschlaf möglich sind
- leises und vorsichtiges Bewegen im Lebensraum (z.B. Lärmvermeidung durch Nicht-Scharren im Katzenklo oder vorsichtiges Sichern des Raumes, bevor er betreten wird)
- Unsauberkeit
- Schlaf- und Ruhedauer über 16 Stunden am Tag (etwas variierend je nach Alter), d.h. Aktivitätszeit weniger als 8 Stunden an einem 24-Std.-Tag.

Ist die Katze durch andere Faktoren gestresst, z.B. durch Über- oder Unterforderung, ungestillte Bedürfnisse oder mangelnde Rückzugsmöglichkeiten, kann sich das u.A. ausdrücken durch:

- struppiges, großflächig aufgestelltes Fell (wie oben beschrieben)
- häufiges Miauen
- starkes und häufiges Kratzmarkieren
- unruhiges Umherlaufen
- Harnmarkieren
- auffällig häufiges und intensives Köpfeln und Reiben von Kopf und Körper an Gegenständen
- aggressives Verhalten
- Meideverhalten gegenüber bestimmten Orten, Sozialpartnern oder Reizen
- besonders impulsives und nahezu aggressives Spielverhalten
- verringerte Spielbereitschaft
- allgemeine Lustlosigkeit: es ist schwer, der Katze eine Freude zu machen
- „Hyperaktivität" (geringe Schlafzeiten, Schwierigkeiten zu entspannen, immer auf dem Sprung) – echte Hyperaktivitätsstörungen gibt es zwar auch bei Katzen, diese sind aber selten und werden anhand klarer diagnostischer Kriterien bestimmt. Die meisten „hyperaktiven" Katzen sind einfach nur lebhafte und energiegeladene Wirbelwinde, die sich nicht den eigentlichen Katzenaufgaben in freier Natur widmen können.
- Schlaf- und Ruhedauer unter 12 Stunden oder über 16 Stunden am Tag (etwas variierend je nach Alter), d.h. Aktivitätszeit über 12 oder weniger als 8 Stunden an einem 24-Std.-Tag
- häufiges kurzes Lecken oder Putzen am Körper
- über die Nase lecken (außerhalb vom Fresskontext)
- häufiges Bewegen des Schwanzes auch in vermeintlichen Ruhesituationen

Wenn Sie den Verdacht haben oder wissen, dass Ihre Katze im Alltag regelmäßig vor etwas Angst hat (oder sich allgemein sehr ängstlich zeigt) oder offenkundig unter Stress leidet, scheuen Sie sich bitte nicht, sich einmal professionelle Unterstützung zu holen. Für Katzen sind Angst und Stress nämlich genauso unangenehm wie für uns Menschen. Gut ausgebildete Katzenverhaltensberaterinnen können mit Ihnen die Knackpunkte für Ihre Katze identifizieren und passende Hilfsmaßnahmen entwickeln. Eine solche Beratung kann eine lohnenswerte Abkürzung auf dem Weg zu mehr Sicherheit, mehr Entspannung und damit mehr Wohlgefühl und Lebensqualität darstellen. Neben den in diesem Buch vorgeschlagenen Ansätzen für Spiel und Beschäftigung kann die Reduktion von Angst und Stress im Leben Ihrer Katze ein Schlüssel sein, um sie wieder für tolle Alltagsvergnügungen zu gewinnen.

Typische Spielbremsen auf einen Blick

- Angst und Stress
- Erkrankung und Schmerzen
- aktiv oder passiv störende Mitkatzen (oder andere Sozialpartner)
- körperliche Bedürfnisse, z.B.
  - > Hunger
  - > drückende Blase
  - > Müdigkeit und Erschöpfung
- psychische Bedürfnisse, z.B.
  - > Wunsch nach Freigang
  - > ungestilltes Bedürfnis nach Nähe und Kuscheln
- zu frontal oder zu stark agierender menschlicher Spielpartner
- fehlende Tarnmöglichkeiten für die Katze
- unattraktive Spielbeute (falsches Material, falsche Größe)
- unrealistisches Beuteverhalten
- aggressives oder aufdringliches Verhalten der vermeintlichen Spielbeute
- Ablenkungen durch Umweltreize

Teil 2
Spiele für die Katz

Gemeinsames Spiel: Beutefangspiele

Gemeinsames Spiel: Beutefangspiele

In diesem Abschnitt betrachten wir nun die Möglichkeiten, die uns für interaktive Beutefangspiele mit der Katze zur Verfügung stehen: Welche Spiel- und Verhaltenselemente kann ein solches Spiel beinhalten? Wie können wir Abwechslung und Variationsreichtum in unseren Angeboten, aber auch im Verhalten der Katze erreichen und fördern? Wie könnte eine typische Spielsession ablaufen? Was ist bei solchen Katzen zu berücksichtigen, die aktuell kaum zu motivieren sind oder die nie ein Ende finden? Dabei werden Sie sich womöglich auch organisatorische Fragen stellen (wie oft, wie lange etc.). Vielleicht finden Sie in diesem Kapitel bereits selbst Antworten, die individuell für Ihre Katze passen. Falls nicht: Im dritten Teil am Ende des Buches werden diese Fragen noch einmal aufgegriffen.

Verschiedene Spielelemente fördern

Im gemeinsamen Spiel mit der Katze, in dem sie zum Belauern und Erjagen von Spielbeute motiviert werden soll, kann man sich gut an den verschiedenen Verhaltenselementen orientieren, die eine Katze typischerweise im Zuge der Jagd auf beliebte Beutetiere zeigt. Im Folgenden werden einzelne Verhaltenselemente herausgegriffen und Vorschläge gemacht, durch welche Art von Spielanreiz diese hervorgerufen werden könnten. Die Vorschläge sind dabei sicherlich nicht erschöpfend, sondern beispielhaft ausgewählt. Fühlen Sie sich frei, weitere Ideen zu entwickeln und mit Ihrer Katze auszuprobieren.

Lauern

Die Spielbeute bewegt sich in Sichtweite der Katze auf beutetypische, nicht offensive Weise. Oder sie bewegt sich unsichtbar, aber hörbar, und weckt das Interesse der Katze durch raschelnde, scharrende, kratzende leise Geräusche. Sehr gut geht das Aussenden dieser Reize mit leicht zu koordinierenden Spielangeln oder Spielstäben (z.B. ein Stab mit Federn dran). Variieren Sie die Bewegungen und Geräusche dabei: Lassen Sie die Spielbeute immer wieder ganz mucksmäuschenstill sein, bevor sie sich ganz kurz und leicht bewegt. Erinnern Sie sich daran, wie leise Mäuse sich verhalten. Zwischendurch kann die Beute auch testweise an einer engen Stelle in Panik ausbrechen und sich entsprechend laut und wild bewegen.

Springen

Eine Katze springt dann nach einer Beute, wenn diese sich – still sitzend oder auch laufend – in passender Sprungentfernung befindet. Ganz logisch, eigentlich. Aber was ist eine gute Sprungentfernung? Für viele Katzen beträgt sie für einen direkten Sprung auf die Beute ca. 40 bis 70 cm. Auf diese Distanz ist ein schneller und präziser Satz möglich. Ist die Entfernung größer, scheint es oft erfolgsversprechender, sich zunächst noch etwas dichter heranzupirschen.

Katzen springen natürlich nicht nur nach vorne, sondern versuchen manchmal auch, Beute aus der Luft zu fangen. Sie können Ihre Katze zu solchen Sprüngen einladen, indem Sie die Spielbeute in ca. 60 bis 80 cm Höhe über den Kopf der Katze fliegen lassen. Die Flugbahn kann dabei gerne variieren. Achten Sie nur darauf, dass die Beute die Katze nicht anfliegt und damit versehentlich bedrohlich wird. Die Katze braucht das Gefühl, dass die Beute sie noch nicht wahrgenommen hat, um besonders viel Motivation zu entwickeln.

Mit Hilfe von Spielangeln kann die Spielbeute ziemlich präzise und variationsreich in verschiedenen Entfernungen zur Katze bewegt werden, am Boden und in der Luft. Alternativ können kleine Spielzeuge entsprechend am Boden entlanggerollt oder über den Kopf der Katze hinweg geworfen werden. Springt die Katze dann nicht hinterher, bekommen Sie selbst auch noch ein wenig Bewegung, um z.B. das Bällchen für einen erneuten Wurf wieder einzusammeln.

Hetzen / Verfolgen

Eine Verfolgungsjagd, und damit das Jagdelement Hetzen, erzielen wir, indem wir Spielbeute sehr schnell von der Katze wegbewegen – wie ein Beutetier auf der Flucht. Diese Flucht kann geradlinig erfolgen, pfeilschnell geradeaus einfach nur weg, aber auch in einem hektischen, „panischen" Zickzackkurs.

Toll geeignet für eine Verfolgungsjagd sind lange Flure oder längere Wege quer durch ein großes Zimmer, so dass die Katze wirklich ein bisschen Tempo aufnehmen kann. Für aktive Katzen darf es dabei gerne über Stock und Stein gehen, d.h. über Sofa und Kratzbaum und vielleicht durch einen

Spieltunnel. Beim Abspringen und beim Krallen nach der Beute können dabei Spuren an den Möbeln entstehen. Schützen Sie diese ggf. schon vorbereitend zum Beispiel durch eine dicke Decke.

Auf kleinem Raum und für enge Wendungen ist ein rutschfester Untergrund hilfreich, auf dem die Katze einen gewissen Grip hat und nicht zu viel wegschliddert. Auslegeware, aber auch größere Teppiche und Läufer sind beliebter Spielboden für viele Katzen und motivieren sie zu engagiertem Hinterherjagen. Auch große Matratzen sind als Untergrund bei vielen Katzen sehr beliebt. Ob es allerdings eine gute Idee ist, auf dem Bett zu spielen, kommt sehr auf die individuelle Katze an (vgl. *Teil 3 – Rituale – Ortsrituale*). Außerdem müssen Sie dann einen stark erhöhten Bettlakenverschleiß einplanen.

Um eine Spielbeute so fliehen zu lassen, dass sie die Katze zu einer Hetzjagd animiert, können Sie eine Spielangel entsprechend bewegen. Angeln mit langen Stäben und längeren Bändern (ca. 80 cm) geben Ihnen einen großen Radius, der Beuteflucht ermöglicht, ohne dass Sie sich selbst viel bewegen müssen. Für lange gerade Strecken müssten Sie zusammen mit der Beute fliehen und zwar am besten vorneweg, die Beute hinter sich her ziehend. Alternativ können Sie auch hierfür Spielzeuge über den Boden rollen oder schliddern lassen. Besonders gut kommt es oft an, wenn ein kleines Spielzeug in hohem Tempo in 20 bis 50 cm Entfernung an der Katze vorbeidüst.

Fangen / Packen

Geben Sie Ihrer Katze ausreichend Gelegenheit, die Spielbeute auch zu erwischen. Bei einigen Katzen ist es kaum möglich, das zu verhindern. Andere, etwas vorsichtiger agierende oder körperlich eingeschränkte Katzen mit reaktionsschnellen Menschen bekommen manchmal nicht ausreichend viele Erfolgserlebnisse. Diese sind aber für viele Katzen wichtig, um das Interesse am jeweiligen Spielzeug aufrechtzuerhalten. Entwischt es zu oft, könnte die Katze entscheiden, dass der Aufwand in keinem Verhältnis zum Erfolg steht und sie diese Beute nicht mehr jagt.

Denken Sie noch einmal kurz zurück an die Jagd: Unter welchen Umständen packt eine Katze ihre Beute richtig mit dem Maul? Wenn sie diese als nicht zu gefährlich einschätzt und die Beute der Katze nicht das Gesicht zuwendet. Versuchen Sie also, Spielbeute und Katze auf Sprungentfernung zusammenzubringen, ohne dass die Spielbeute offensiv auf die Katze zugeht. Lassen Sie sie stattdessen unbedarft oder ängstlich an der Katze vorbeihuschen und laden Sie die Katze mit dem Hinterteil des Spielzeugs zur Attacke ein.

Pfotenschläge

Mit Pfotenschlägen sind hier feste Hiebe gemeint, mit der die Katze die Beute bearbeitet. Dies können einzelne Schläge sein, die die Katze aus größtmöglicher Entfernung anbringt, um im nächsten Moment sofort zurück und in Sicherheit zu springen, aber auch eine Abfolge von Schlägen.

Solche Pfotenschläge werden Sie am ehesten aus Ihrer Katze herauskitzeln, wenn Sie ihr eine Beute anbieten, die aufgrund ihrer Größe oder Struktur (dicker Federpuschel) latent etwas unheimlich und vielleicht bedrohlich wirkt. Das ist eher ungeeignet für sehr sensible und leicht zu verunsichernde Katzen. Für kleine Abenteurer und Kampfkatzen kann das jedoch einen ziemlichen Kick darstellen. Die Gratwanderung besteht darin, auch für letztere den Gruselfaktor nicht zu groß werden zu lassen.

Graben / Stochern / Hangeln

Um diese Pfotenaktivitäten bei Ihrer Katze beobachten zu können, müssen Sie die Spielbeute unter oder in einer Tarnung verschwinden lassen, so dass sie für die Katze vor allem hörbar ist. Einladend sind außerdem kleine Bewegungen des tarnenden Materials. Als Beute eignen sich dafür vor allem die Stäbe von Spielangeln, Stöckchen, Spielstäbe oder Reitgerten, deren Enden Sie recht leicht gezielt bewegen können.

Als Tarnversteck für die Beute können Sie für diese Spielchen gut z.B. einen Haufen Papierschlangen oder geknüllte Papierbällchen oder -fetzen oder auch einen Laubberg oder Nagerheu benutzen. Sehr beliebt bei Katzen ist es auch, wenn sich ein kleiner Beute-Hubbel unter einem dünnen Teppich oder einer Decke bewegt und manchmal kurz an einer Seite vorsichtig hervorlugt, um sofort wieder zu verschwinden.

Um Ihre Katze zum Hangeln nach der Beute mit einem langgestreckten Vorderbein zu animieren, lassen Sie die Beute in einer Ritze verschwinden, z. B. unter einem Schrank, hinter einem Türspalt (Achtung: Pfote nicht einklemmen!) oder in einem schmalen Spalt zwischen Möbelstück und Wand.

Alternativ lassen Sie ein Spielzeug in einer Klopapier- oder Küchenrolle verschwinden oder gar in einer langen Papprolle, auf der zuvor Geschenkpapier aufgerollt war.

Pföteln an der Beute

Anders als bei den Pfotenhieben erfolgt das hier gemeinte Pföteln aus recht kurzer Entfernung und eher sanft. Die Katze haut nicht auf die Beute, sondern stupst sie vorsichtig an. Die Pfote berührt die Beute dabei in der Regel unten an der Seite mit einer seitlichen Bewegung. Voraussetzung für dieses Pföteln ist es, dass die Spielbeute bewegungslos verharrt, sich also tot stellt, nachdem sie kurz zuvor gepackt wurde. Im Spiel ist das ein schönes Anzeichen dafür, dass die Katze die Beute jetzt gerne erneut jagen würde. Tipp: Lassen Sie also die Spielbeute nach dem Packen in eine „Schockstarre" verfallen und geben Sie keine Impulse, bis die Katze das Pföteln zeigt. Auch darauf reagiert die Spielbeute noch mit Totstellen. In dem Moment, in dem die Katze ihre Pfote kurz zurückzieht, lassen Sie die Beute einen Fluchtversuch unternehmen und losrasen, natürlich weg von der Katze.

Raufen und Treten

Wenn Ihre Katze beginnt, aus einem Beutefangspiel heraus mit der Beute zu kämpfen, dann ist sie offenbar wirklich im Spielmodus. Sie wechselt dann nämlich einfach mal eben den Kontext und spielt „Kampf", was man als Hauskatze im echten Leben ja eigentlich nicht für den Umgang mit Beutetieren braucht, sondern für feindliche und bedrohliche Artgenossen und Beutegreifer. Im Spiel ist aber alles erlaubt!

Voraussetzung für das Raufen und Treten ist, dass die Katze zuvor einen Jagderfolg hatte und die Beute packen konnte. Sie hält diese dann vor dem Bauch durch Umschlingen mit den Vorderbeinen und –pfoten fest und tritt mit den Hinterbeinen dagegen. Meist beißt sie die Beute gleichzeitig oder abwechselnd mit den Tritten im Halsbereich oder in die Extremitäten. Achtung: Der Umgang mit dem Spielzeug ist dabei oft nicht gerade zimperlich und Krallen und Zähne kommen teilweise stark zum Einsatz.

Manche Katzen kämpfen schon mit kleinen Mäusen oder Kissen, die kaum länger als 5 cm sind. Diese werden dann eher zwischen den Vorderpfoten gehalten, während sie getreten werden. Besser geht das Raufspiel jedoch mit etwas größeren Spielzeugen (z.B. lang und dünn). Duftspielzeuge mit Baldrian oder Katzenminze animieren viele Katzen zu Raufsequenzen. Es gibt eine weitere Variation, die einige Katzen mit kleinen Spielzeugen zeigen: Sie kauern sich über die Beute und stampfen mit ihren Hinterpfoten in schneller Abfolge auf ihr herum. Das erzeugt Geräusche, die an einen klopfenden Hasen erinnern.

Ihr Part in diesem Moment ist eher passiv. Befindet sich die Spielbeute am Ende einer Spielangel, halten Sie die Angel still, während Ihre Katze rauft. Hält Ihre Katze inne, lassen Sie es mal kurz zucken. Lässt Ihre Katze los, lassen Sie die Beute fliehen. Ihre Katze liegt in diesen Sequenzen oft auf der Seite oder auf dem Rücken (belly-up) – wenn die Beute in die Luft flieht und kurz gerade noch in Pfotenreichweite über die Katze hinweg schwebt, kann diese sie durch einen gekonnten Pfotengriff aus der Luft hangeln und die nächste Raufrunde einläuten.

Haben Sie ein Spielzeug geworfen oder gerollt oder gar einfach kurz mit der Hand bewegt und Ihre Katze hat sich darauf gestürzt und das Raufen begonnen, dann heißt es: Hände weg. Ein Festhalten oder Bewegen des Spielzeugs wäre jetzt wirklich sehr verletzungsträchtig. Warten Sie den Moment ab, in dem Ihre Katze das Spielzeug kurz achtlos auf dem Boden ruhen lässt, und versuchen Sie dann, es wegzuziehen und neu zu bewegen – das dürfte schon gefährlich genug sein, um auch Ihnen ein kleines Abenteuer zu verschaffen.

In einem späteren Abschnitt wird noch einmal aufgegriffen, wie Sie gezielt versuchen können, Ihre Katze jenseits von Beutefangspielen zu Raufspielen zu animieren (vgl. *Teil 2 – Gemeinsames Spiel: Rauf- und Verfolgungsspiele*).

Ablauf einer gemeinsamen Spieleinheit

Mit diesem Kapitel möchte ich Ihnen eine Idee davon geben, wie eine durchdachte Spieleinheit zwischen Ihnen und Ihrer Katze aussehen könnte. Bitte verstehen Sie den vorgeschlagenen Ablauf nicht als starr – im Gegenteil. Er soll eine Orientierungshilfe darstellen und berücksichtigt als solche Strategien, die bei vielen Katzen gut ankommen. Aber es wird nötig sein, dass Sie ihn an die Vorlieben Ihrer eigenen Katze anpassen. Und zwar immer wieder. Denn es ist ziemlich wahrscheinlich, dass

Ihre Katze an unterschiedlichen Tagen unterschiedliche Spielwünsche hat und außerdem im Verlauf von Monaten und Jahren neue oder veränderte Wünsche und Bedürfnisse entwickelt.

Aller Anfang ist ...

... manchmal schwer, manchmal zäh, manchmal ganz leicht und begeistert.

Wenn Ihre Katze bereits loslegt zu spielen, können Sie natürlich jederzeit einfach quer einsteigen und die Gunst der Stunde nutzen. In diesem Fall zeigt Ihnen Ihre Katze im Solitärspiel ja schon, wonach ihr gerade der Sinn steht und Sie können Ihr Startangebot entsprechend abstimmen.

Möchten Sie hingegen selber Ihre Katze zu einer Spielpartie einladen, müssen Sie sich vermutlich etwas mehr Mühe geben. Hilfreich ist es, wenn man nicht einfach dann ein Spielangebot macht, wenn es einem selber gerade gut in den Kram passt, sondern auch prüft, ob es für die Katze gerade ebenfalls passt. So banal es vielleicht klingt: Achten Sie immer darauf, ob Ihre Katze eigentlich wach und munter ist. Besonders schwierig ist das Initiieren eines Spiels auch dann, wenn Ihre Katze zwar wach, aber in eher in sich gekehrter Stimmung ist. Die typische Haltung in diesem Moment ist aufrecht sitzend, mit um die Vorderpfötchen geschlungenem und eng an den Körper angelegtem Schwanz. Ähnliches gilt für analoge Schwanzhaltungen im Kauern bzw. Liegen. Sie können sich den Katzenschwanz dann wie ein kleines Abgrenzungs- oder Schutzmäuerchen vorstellen, hinter dem sich Ihre Katze gerade zurückzieht. Vielleicht kommt sie gerne hinter diesem Mäuerchen hervor, wenn Sie ihr etwas Schönes anbieten. Vielleicht ist aber gerade auch einfach nicht der richtige Augenblick und eine halbe Stunde später wäre es viel passender.

Der perfekte Moment für ein Spielangebot ist der, wenn Ihre Katze nach einer Ruhephase aktiv wird. Im „echten" Katzenleben würde sie nun losziehen durch ihr Revier, auf Erkundungstour gehen und nach Beute Ausschau halten, bereit für die Jagd. Aus Katzensicht passt nämlich in jede Wachphase ganz gut der ein oder andere Snack. In der Wohnung, also in der Kernzone des Reviers, gibt es normalerweise nicht viel zu erkunden und nichts zu erjagen. Also freut Ihre Katze sich doppelt, wenn sich überraschend etwas Spannendes tut, wo sie doch gerade in Stimmung dafür ist.

Für einige Katzen ist ein kleines Appetitchen spielanregend (kein ausgewachsener Hunger!), andere spielen besonders ausgiebig und wild unmittelbar nach einer Hauptmahlzeit. Bei den einen triggert der beginnende Hunger die Bereitschaft zur Jagd, bei den anderen muss offenbar das existenzielle Bedürfnis nach Futter befriedigt werden, bevor sie sich auf Vergnügungen einlassen können.

Zum Nachdenken / Ausprobieren: Wie ist das bei Ihrer Katze? Ist sie leichter zu begeistern, wenn sie satt oder etwas hungrig ist? Verändern sich ihr bevorzugtes Spiel oder ihre Art zu spielen, zum Beispiel die Vehemenz im Umgang mit der Spielbeute, je nach Sättigungsgrad?

Was für ein Tag ist heute?

Das erste Ziel in einer neuen Spieleinheit ist es, die Aufmerksamkeit der Katze zu wecken – aber nicht durch Ansprache, sondern direkt durch das Verhalten der Spielbeute. Ihre Katze sollte etwas denken wie: „Oh hey, was ist denn das? Kann ich das fangen? Kann ich das essen? Das wirkt ja spannend!" Und dann beginnen zu lauern.

Bereiten Sie sich darauf vor, dass Ihre Katze vielleicht eine kleine Aufwärmphase braucht, um in die richtige Stimmung zu kommen. Das gilt insbesondere dann, wenn Sie gerade keine Aktivitätsphase nutzen, sondern versuchen, Ihre zuvor ruhende oder bereits sehr gelangweilte Katze hinter dem Ofen hervorzulocken. Aufwärmphase bedeutet, dass Ihre Katze erst einmal nur guckt. Und guckt. Und guckt. Und wahrscheinlich auch nochmal weggguckt und wieder hinguckt. Sich vielleicht ein wenig putzt und wieder hinguckt. Solange sie immer wieder zur Beute schaut bzw. in Richtung der Geräusche, die Sie mit dem Spielzeug verursachen, sind Sie auf einem gutem Weg und brauchen nur noch ein wenig Geduld. Widerstehen Sie möglichen Impulsen, in dieser Phase das Spielzeug zu nah an die Katze heranzubringen, um sie zu Aktionen zu verleiten. Denken Sie stattdessen daran, dass Beute oft dann besonders spannend wird, wenn sie aus dem Blickfeld verschwindet. Beginnt Ihre Katze sich in eine bessere Position zu bringen und intensiver zu beobachten, sind Sie mitten im Beutefangspiel angekommen: Ihre Katze lauert. Juhu – auch wenn das für Sie vielleicht gerade noch nicht viel actionreicher aussieht! Im Kopf Ihrer Katze läuft jetzt wahrscheinlich ein spannungsgeladener Film ab.

Wenn Ihre Katze sich beim Aufwärmen oder auch beim Lauern sehr viel Zeit nimmt oder vielleicht sogar wieder aussteigt und aus dem Fenster schaut, dann probieren Sie mal ein anderes Spielzeug oder eine andere Bewegungsart aus. Ist heute Mäusetag? Oder Vogeltag oder Insektentag? Was passt zur aktuellen Stimmung? Finden Sie es heraus! Da das gemeinsame Spiel ja vor allem der Katze Spaß machen und sie beschäftigen und auslasten soll, ist es nur weise, ihr ein Mitspracherecht zur Wahl des Spiels einzuräumen.

> **Beispiel:** Wenn ich Monty ein Spiel anbiete, liege ich manchmal mit meiner ersten Wahl goldrichtig. Ich beginne, eine bestimmte Spielangel zu bewegen und Monty ist sofort Feuer und Flamme. Häufiger läuft es nicht so glatt: Ich versuche, eine Spielangel mit mausähnlichem Anhänger spannend zu bewegen und Herr Kater verbleibt kauernd an Ort und Stelle und schaut aufmerksam (naja, mehr oder weniger) und sonst passiert nix. Ich probiere dann nach ein paar Minuten, ob das Spielzeug sich heute etwas anders bewegen muss. Herr Kater kauert und schaut. Also nehme ich ein anderes Spielzeug (Spielangel mit einem kleinen Schnürchen daran). Herr Kater gähnt. Ich beginne zu zweifeln, ob der Zeitpunkt gut gewählt war. Ob ihm vielleicht gar nicht nach Spielen ist. Ein erneuter Spielzeugwechsel bringt aber plötzlich den Durchbruch. Offenbar müssen es heute unbedingt Federn sein, die sich etwas unruhiger und flatternd bewegen. Monty ist unter Strom und pirscht sich in eine günstige Lauerposition, um kurz darauf loszuspringen für den ersten Fangversuch. Offenbar ist Monty durchaus spielbereit – aber heute ist eben Vogeltag.

Die ersten Runden

Gerade für Game-orientierte Katzen, die gerne einem Jagdablauf folgen, kann man Beutefangspiele oft gut in mehreren Runden denken und spielen. Der Start ist immer das Beobachten bzw. dann das richtige Belauern der Beute. Es folgt der Fangversuch, der mit oder ohne Hetzen oder Verfolgungsjagd ablaufen kann. Entkommt die Beute, flieht sie in ein vermeintliches Versteck und kann dort erneut belauert werden. Fängt die Katze die Beute, stellt diese sich natürlich tot. Pfötelt die Katze an der bewegungslosen Beute, entwischt sie einen Moment später und die Jagd beginnt von neuem.

Im Überblick:

Lauern (> Hetzen) > **Fangen** *> Beute stellt sich tot > Beute entkommt > Lauern (> Hetzen) >* **Fangversuch** *> Beute entkommt > Lauern (> Hetzen) >* **Fangen** *> Beute stellt sich tot > ...*

Meine Katze mag nicht mehr. Wirklich nicht?

Nicht selten kommt es nach einigen Minuten interaktiven Spiels zu einem Missverständnis. Nach erfolgreichem Beutefang lässt sich die Katze auf die Seite plumpsen oder verlässt sogar den Ort des Geschehens. Als Mensch vermutet man natürlich, dass sie fertig ist mit Spielen und keine Lust mehr hat. Wenn man nur das Verhalten der Katze beobachtet, ist dieser Schluss durchaus naheliegend – und vielleicht stimmt er auch. Wenn Sie sich aber in Ihre Katze hineinversetzen und anwenden, was Sie bislang gelesen haben, könnten Sie die gleiche Situation auch wie folgt interpretieren:

a) Meine Katze hat eben mehrere Minuten sehr aktiv gespielt und ist dabei viel der Beute hinterhergelaufen. Sie hat eigentlich mehr Hetzjäger gespielt als Lauerjäger. Kein Wunder, dass sie gerade geschafft ist und mal kurz durchatmen muss. Man kann auch ganz gut sehen, wie schnell ihr Atem noch geht. Ich gebe ihr mal einen Moment, um wieder zu Atem zu kommen. – Katzen sind beim bewegungsintensiven Spielen oft viel schneller körperlich erschöpft als mental ausgelastet!

b) Meine Katze legt ganz schön viel Wert darauf, dass ich mir mit dem echten Beuteverhalten Mühe gebe. Diese Spielmaus hat sie jetzt erfolgreich erjagt und gefangen. Und festgestellt, dass es eben eine olle und ziemlich tote Spielmaus und keine richtige Beute ist. Eine einmal tote Maus würde nicht wieder aufstehen. Vielleicht fände meine Katze es aber spannend, wenn eine neue Maus auf der Bildfläche erscheint, die sie noch nicht „fertig gejagt" hat.

c) Meine Katze verlässt das Zimmer. Hat sie vielleicht das Bedürfnis eine Kleinigkeit zu fressen, nachdem sie gerade Beute gemacht hat? Das wäre ja eigentlich jetzt der normale Abschluss. Oder gab es ein Geräusch oder irgendetwas anderes, was ihre Aufmerksamkeit auf sich gezogen hat? Muss sie vielleicht kurz nach dem Rechten schauen und sich um ihre Sicherheit kümmern, bevor sie sich erneut auf das Spiel mit mir einlassen kann?

In jedem Fall wäre es fair und oft lohnenswert, nicht gleich das Spiel komplett zu beenden, wenn Ihre Katze es unterbricht. Stattdessen könnten Sie eine kleine Pause von ein bis fünf Minuten einlegen und dann erneut irgendwo eine Spielbeute auf spannende Weise auftauchen lassen.

Es kann natürlich sein, dass Ihre Katze für den Moment wirklich genug hat. Dann haben Sie mit dem kurzen Abwarten und erneutem Versuch nicht wirklich viel verloren. Aber Achtung: Nachlassendes Interesse am aktuellen Spielzeug bedeutet noch nicht, dass die Katze insgesamt keine Lust mehr hat. Nach einigen Runden mit demselben Spielzeug, aber vor allem bei abnehmender Begeisterung bringen Sie am besten nochmal den Faktor Abwechslung ins Spiel.

Die nächsten Runden: Abwechslung

Neue Reize regen immer wieder zu neuem Verhalten an. Deshalb ist es oft hilfreich, innerhalb einer Spielsession verschiedene Spielvarianten anzubieten. Gerade sind wir mitten in einem Beutefangspiel gewesen. Der nächste Schritt wäre nun auszuprobieren, ob ein anderes Spielzeug neuen Schwung in Ihre Katze bringt. Wenn ja, dann geht es in ähnliche Runden, wie eben beschrieben. Falls nein, stehen glücklicherweise mehrere weitere Spannungsmacher zur Verfügung:

Falls Ihre Katze zum Start schon viel durch die Gegend gesaust ist, steht ihr der Sinn vielleicht jetzt nach etwas mehr konzentriertem Lauern? Die Spielbeute könnte sich dafür in der Nähe der Katze, aber gut getarnt aufhalten und immer mal wieder kleine Geräusche erzeugen oder die Nase herausstrecken. Für einen Fangversuch muss Ihre Katze nun nur noch einen Pfotenhieb verteilen oder einen sehr kurzen Sprung machen – und die Beute lässt sich fangen.

Hat Ihre Katze nach der Jagd auf dem „Teppichrasen" vielleicht Lust auf Graben und Stochern? Reagiert sie engagierter, wenn Sie die Spielbeute unter „Papierschlangenlaub" verschwinden lassen?

Wie verhält es sich mit einem neuen Tarnangebot für Ihre Katze? Hätte sie vielleicht Spaß daran, aus einer frisch improvisierten Deckenhöhle hervorzuschießen, wenn eine vorwitzige Spielbeute an deren Rand entlang huscht? Oder im Spieltunnel darauf zu lauern, dass der Wurm vorbeikriecht oder gar ganz leise an der Seitenwand des Tunnels hinaufklettert?

Vielleicht wäre es spannend, in einem anderen Zimmer die gleiche oder andere Beute zu entdecken, wo ganz automatisch neue Tarnmöglichkeiten für Katze und Beute zur Verfügung stehen?

Schließlich könnten Sie noch überlegen, ob Sie einen größeren Wechsel vollziehen. Womöglich wäre ein Raufspiel prima? Oder eine andere Spielart, die etwas weniger interaktiv zwischen Ihnen beiden ist, wie z.B. ein Wasserspiel (vgl. *Teil 2 – Besondere interaktive Spielarten*)?

Die Wechsel zwischen verschiedenen Varianten sind innerhalb einer Spieleinheit natürlich mehrfach erlaubt. Oft ist es gut, zwischen ruhigeren und stürmischeren Spielen abzuwechseln. Eine Spieleinheit könnte etwa bestehen aus:

1. Lauerspiel
2. wildes Spielangel-Hetzen
3. Stocherspiel
4. wildes Spielangel-Hetzen
5. Futterspiel

Nimmermüde Katze: Abkühlung

So manche Halterin wünscht sich sehnlichst, dass ihre Katze leichter zu animieren wäre. Wer jedoch mit einer Action-Katze zusammenlebt, schlägt ebenfalls manchmal verzweifelt die Hände über dem Kopf zusammen. Einige Katzen sind so spielbegeisterte Hibbelhintern, dass sie nie ein Ende finden und furchtbar traurig oder empört wirken, wenn man nach einer Stunde das gemeinsame Spiel beenden möchte. Oder sich dann durch höchst kreative

Improvisationen die Aufmerksamkeit ihrer Menschen sichern (indem sie z.B. kleine Figürchen von Regalen schubsen und deren Falleigenschaften studieren).

Für solche Katzen gelten prinzipiell die gleichen Ablaufregeln. Es ist sinnvoll, mit ihnen mehrere Runden und abwechslungsreich zu spielen. Für die Nimmermüden kommt jedoch neben einiger Ausdauer auf Seiten des spielenden Menschen zwischendurch und vor allem am Ende der „Abkühlung" große Bedeutung zu. Lässt man nämlich eine aufgedrehte oder überdrehte Katze von jetzt auf gleich zurück, ist das Frustrationspotenzial enorm. Eine Abkühlphase dient dazu, den Erregungslevel der Katze zu senken. Wenn Sie den Eindruck haben, dass Ihre Katze während des gemeinsamen Spiels etwas zu übermütig und wild wird, können sie kleine abkühlende Zwischenphasen einbauen. Das könnten dann in erster Linie vergleichsweise ruhige Lauer- und Stocherspiele sein. Die Abkühlphase am Ende der Spieleinheit muss vermutlich aus mehreren Schritten bestehen:

Wechseln Sie von bewegungsintensiven zu bewegungsärmeren Spielen. Lassen Sie von diesen gerne mehrere Runden folgen, so dass es nach wie vor etwas Abwechslung gibt. Lassen Sie mindestens eine Spielbeute, vielleicht auch in mehreren Runden nacheinander verschiedene Spielzeuge langsam erschöpft werden. Die angeschlagene Beute unternimmt kaum Fluchtversuche und reagiert auch auf das Bepföteln nicht mehr. Bis sie schließlich stirbt. Wenn Ihre Katze das Interesse an dieser Beute verliert, lenken Sie sie bitte komplett um: weg vom Spielort hin zu einem anderen Platz. Dort bieten Sie ihr nun eine kleinere oder größere Mahlzeit an. Dafür eignen sich theoretisch ein Fummelbrett, das zu konzentrierter Erbeutung einlädt (vgl. *Teil 2 – Hilfe zur Selbstbeschäftigung – Futterspiele zur Alleinbeschäftigung*), aber auch eine ganz normale Hauptmahlzeit aus dem Napf. Anschließend, wenn Ihre Katze noch immer munter wirkt, laden Sie sie zu anderen gemeinsamen Aktivitäten ein, die eine gute Überleitung zu ruhigerer Selbstbeschäftigung darstellen können. Das könnte zum Beispiel ein Ausflug auf den Balkon sein, auf dem die Katze dann mit Vogelbeobachtung beginnt und sich davon fesseln lässt. Oder ein Erkundungsausflug in den Keller. Probieren Sie aber ruhig auch, ob Sie Ihre Turbomiez vielleicht auf ein gemütliches Kuschelstündchen aufs Sofa einladen können und ihr so „aktiv" bei der Entspannung helfen.

Wenn Sie nicht ausreichend Zeit haben, Ihre Katze ihrem Energielevel gemäß „zufriedenzuspielen", können Sie jetzt auch z.B. an Automatikspielzeuge oder ähnliche Alternativen denken, die Ihrer Katze helfen, sich ohne Ihre aktive Unterstützung zu beschäftigen (vgl. *Teil 2 - Besondere interaktive Spielarten*).

Beispielhafte Abkühlphase im Überblick:

- mehrere Spielrunden inklusive wildem Spielangel-Hetzen
- Lauerspiel
- Stocherspiel
- Lauerspiel > Beute stirbt langsam
- Stocherspiel > Beute stirbt langsam
- Futterangebot
- Umlenken auf andere Beschäftigung
- Anbieten von gemeinsamer Entspannung

Schwer zu begeisternde Katze?

Fällt es Ihnen noch immer schwer, Ihre Katze durch Spielangebote in Wallung zu versetzen? Dann sollten Sie als erstes noch einmal kritisch die „Bremsen" anschauen. Falls Ihre Katze früher einmal spielbegeisterter war und das irgendwann plötzlich weniger wurde, sollten Sie vor allem gesundheitliche Aspekte in den Fokus nehmen. Im Mehrkatzenhaushalt lohnt es sich, ggf. mit professioneller Hilfe, die Beziehungen der Katzen einmal genauer anzuschauen. Manchmal liegen Spannungen in der Luft, die für uns Menschen nur schwer wahrzunehmen sind, weil einige Katzen ihre Konflikte sehr subtil austragen.

Aber vielleicht ist Ihre Katze auch wirklich nur spielunlustig (geworden). Dann braucht sie in den kommenden Wochen und Monaten Ihre Beharrlichkeit, um wieder zu lernen, sich aufs Spiel einzulassen und fallen lassen zu können.

Die oberste Devise heißt in diesem Fall: Schrauben Sie Ihre Erwartungen herunter und würdigen Sie das kleinste Interesse Ihrer Katze. Stellen Sie sich darauf ein, dass Sie gemeinsam vermutlich zunächst über lange Zeit vor allem Lauerspiele spielen, die womöglich noch nicht mal zu einem Fangversuch führen. Oder vielleicht nur einem einzigen Pfotenhieb gen Beute je Spieleinheit. Freuen Sie sich, wenn Ihre Katze überhaupt beginnt, eine Spielbeute ins Visier zu nehmen und zu beobachten. Ich bin mir sicher, dass wir Menschen meist unterschätzen, wie befriedigend das Beobachten und Belauern von vermeintlicher Beute für eine Katze ist. Wenn man sich eine komplette Jagdsequenz anschaut, nimmt dieser Part einen gewaltigen Anteil der Zeit ein, und oftmals kann auf ein Lauern aus verschiedenen Gründen kein Fangversuch folgen. Lassen Sie also erstmal das Bild von der beim Spielen wild durch die Wohnung fliegenden Katze los und halten sich stattdessen das der ausdauernden Lauerjägerin vor Augen.

Grundsätzlich können Sie die Spieleinheiten für Ihre schwer bespielbare Katze genauso gestalten wie oben beschrieben. D.h. benutzen Sie bitte nacheinander ruhig zwei oder drei verschiedene Spielzeuge, um das Interesse Ihrer Katze jeweils noch ein paar Minuten länger zu fesseln. Bitte berühren Sie Ihre Katze niemals mit einem Spielzeug. Die Wahrscheinlichkeit ist hoch, dass Ihre Katze sich in der Vergangenheit durch ein Spielzeug bedrängt gefühlt hat oder dass sie zu den „Realisten" gehört, die sich nur schwerlich in ihrer Fantasie vorstellen können, dass das Spielzeug echte Beute sein könnte. Umso wichtiger ist in beiden Fällen die Imitation von ängstlicher Beute.

Stocherspiele scheinen am ehesten geeignet zu sein, das Interesse einer eher passiven Katze zu wecken und sie zum Näherkommen einzuladen.

Planen Sie zunächst eher kurze Spieleinheiten mit Ihrer zurückhaltenden Katze. Versuchen Sie, das Spielangebot zu beenden, während Ihre Katze die Beute noch beobachtet. Die eleganteste Lösung dafür: Lassen Sie die Beute unter einem Schrank, in einem Versteck oder durch die Zimmertür verschwinden. Wie im echten Leben ...

Zum Nachdenken / Ausprobieren: Probieren Sie verschiedene Stochervarianten aus. Beginnen Sie diese zunächst auf ein bis zwei Meter Entfernung zu Ihrer Katze, ohne sie dabei anzuschauen. Gucken Sie stattdessen entweder selber interessiert auf den Teppich, das Tuch oder die Papierschlangen, unter denen Sie einen Stab bewegen, oder tun sie ganz unbeteiligt. Spricht eine dieser Alternativen Ihre Katze stärker an?

Zum Nachdenken / Ausprobieren: *Reagiert Ihre Katze auf eine bestimmte Art von Spielzeug mit etwas mehr Neugier? Dann versuchen Sie, Variationen von dieser Art Spielzeug zu basteln oder zu kaufen. Vielleicht hat sich Ihre Katze innerlich auf ein „Beutetier" spezialisiert und ist z.B. mit Federspielen nicht zu überzeugen. Oder nur mit diesen.*

Zum Nachdenken / Ausprobieren:Reagiert Ihre Katze auf Katzenminze oder Baldrianduft? Vielleicht können Sie darüber ein wenig mehr Enthusiasmus erreichen.

Möglicherweise sind interaktive Beutefangspiele gerade auch noch nicht das optimale Spiel für Ihre Katze. Testen Sie, ob bei den etwas später beschriebenen weiteren Spielvarianten etwas dabei ist, das das Interesse Ihrer Katze leichter weckt. Insbesondere interaktive Futterspiele können oft einen guten Start in mehr Aktivität darstellen, gemeinsam mit Anregungen zu mehr Erkundungsverhalten (vgl. *Teil 2 – Besondere interaktive Spielarten – Interaktive Futterspiele* bzw. *Teil 2 – Hilfe zur „Selbstbeschäftigung" – Erkundungsverhalten*).

Spaßfaktor: Welche Ideen hat Ihre Katze?

Oft erfinden Katzen selber kleine Spielchen und benutzen dafür Alltagsgegenstände. Vielleicht denkt Ihre Katze sich auch manchmal ein kreatives „Spiel" aus, das Sie selbst vielleicht eher als „Provokation" empfinden, um Ihre Aufmerksamkeit zu bekommen? Auch dafür wird sie Aktivitäten wählen, die ihr Spaß bereiten. Wenn Sie Ihre Katze also im täglichen Leben gut beobachten, können Sie sich für Ihre Spieleinheiten vielleicht ein paar Ideen direkt von Ihrer Katze abgucken.

Beispiele: ZsaZsi liebt es, ausdauernd durch den Schlitz einer liegenden Wäschetonne nach Spielzeugen zu hangeln. Dabei kauert sie teils in der Tonne, meist jedoch liegt sie darin und rollt sich albern herum.

Monty rast gerne bei der Verfolgung eines Spielzeugs durch einen Tunnel. Bewegt sich eine Spielbeute hinter etwas Tunnelähnlichem, kann er deshalb kaum widerstehen.

> Eazy lauert gerne kauernd unter Packpapier, um dann – nach minutenlanger Beobachtung und Auswertung des Beuteverhalten – plötzlich hervorzuschießen.

Zum Nachdenken / Ausprobieren: An welchen Orten ist Ihre Katze besonders gerne albern und wild, rollt sich z.B. auf dem Boden herum oder zeigt ausgelassenes Kratzverhalten? Dies wäre ein guter Ort für das nächste Spielangebot.

Zum Nachdenken / Ausprobieren: Hinter welchen Möbeln oder Gegenständen geht Ihre Katze öfter mal angstfrei in Deckung? Könnten Sie diese als Tarnmöglichkeiten für Ihre Katze ins Spiel einbauen?

Zum Nachdenken / Ausprobieren: Wenn Ihre Katze erst einmal im Spielmodus ist: Zeigt sie dann von alleine häufiger bestimmte Verhaltensweisen?

Zum Nachdenken / Ausprobieren: Wenn Sie eine individuelle Vorliebe ausgemacht haben – fallen Ihnen Möglichkeiten ein, genau zu dieser passend variierende Angebote zu machen? Als Alternative zu einem Spieltunnel könnte man z.B. einen Tunnel aus Karton bauen, einen Teppich zur Röhre aufrollen oder mit Decken über einem Stuhl etwas Ähnliches erzeugen.

Gute Spielbeute

Katzen haben sehr individuelle Vorlieben, was die Wahl des Spielzeugs angeht. Einige bevorzugen mausartige Spielzeuge, andere brauchen Federn, um sich begeistern zu können, noch andere möchten nur ein filigranes Bändchen. Es gibt einen unschlagbaren Faktor, um das Interesse einer Katze auf ein Spielzeug zu wecken und sie in den Jagdspielmodus zu versetzen:

Das Spielzeug ist neu und unbekannt.

Das ist für uns äußerst unpraktisch, aber bei kurzem Nachdenken absolut nachvollziehbar. Es handelt sich um ein neues Objekt, das die Neugier Ihrer Katze weckt, weil sie es eben noch nicht kennt. Es ist spannend – da noch unklar ist, ob es als Beute geeignet ist und ob es ggf. leichte oder anspruchsvolle Beute darstellt. Außerdem: Ihre Katze hat es zuvor noch nicht gefangen und „erlegt" und es hat noch nicht „total tot" auf dem Boden herumgelegen. Dadurch muss die Katze nicht ganz so fantasievoll sein, um sich in eine Spieljagd zu begeben.

Was einige Katze an Spielzeugen besonders schätzen:

Die Spielbeute ist zerstörbar.

Erneut nicht sehr schön für uns, unsere Bastelzeit oder den Geldbeutel. Aber auch wieder logisch schlüssig, wenn wir uns vor Augen halten, dass die Katze Beutefang spielen möchte, und Beutefang normalerweise im Verzehr der Beute mündet. Für den Verzehr wird an der Beute herumgebissen und –gekaut oder z.B. die Federn ausgerissen. Wenn Ihre Katze Ähnliches am Spielzeug macht, versucht sie diesen Teil der Jagd bzw. den Übergang zum Konsum der Beute zu imitieren. Und so mancher Katze macht dieser Teil ganz besonders viel Spaß, wenn dabei die Fetzen fliegen. Verhaltensbiologe Bradshaw über den Zusammenhang von Jagd und Spiel: „Ein auf Haltbarkeit gearbeitetes Spielzeug löst zwar den Beginn einer Jagdsequenz aus, aber seine Unverwundbarkeit gegenüber der Attacke verringert schnell die Motivation der Katze" (Bradshaw 2012: 135; Übersetzung des englischen Originaltexts durch Hauschild).

Und schließlich noch einmal, da es kaum oft genug betont werden kann:

Die Spielbeute ist eher klein (und damit eher unbedrohlich).

Dieser Anspruch ist nun recht komplikationslos zu erfüllen. Sie sind gemeinhin auf der sicheren Seite, wenn Sie bei der Wahl eines Spielzeugs auf besonders kleine Spielzeuge bzw. Anhänger setzen. Sie können ja vereinzelt größere Spielzeuge ausprobieren, wenn Sie eine besonders abenteuerlustige und rabaukige Katze haben. Auch die „Rattenkiller" haben aber in der Regel große Freude an kleiner Beute. Orientieren Sie sich dafür an der Größe der echten typischen Beutetiere von Katzen und unterbieten Sie sie gerne jeweils um ein gutes Stück (vgl. *Teil 1 – Jagdverhalten als Vorbild –Beutetiere der Katze*).

Exkurs: Verteidigung des Spielzeugs

Wenn Ihre Katze einmal knurrt, während sie ein Spielzeug im Maul trägt, müssen Sie sich nicht sorgen. Das ist zunächst einmal ein Zeichen dafür, dass Sie aus ihrer Sicht eine ganz großartige Spielbeute ausgewählt haben! So toll, dass Ihre Katze das gar nicht mehr hergeben möchte. Es kann sein, dass Ihre Katze in dem Moment Beuteverteidigung spielt. Es kann aber auch sein, dass es wirklich ihr voller Ernst und das Spiel gerade vorbei ist. Beides ist in Ordnung. Ihre Katze ist begeistert von ihrem Jagderfolg und möchte ihn nicht teilen. Das ist nachvollziehbar. Und übrigens auch absolut typisch Katze: Denn Beutetiere werden ja auch nicht geteilt. Einzig Mütter bringen ihrem ganz jungen Nachwuchs echte Beutetiere mit, die sie dann allerdings auch am Stück und nicht angefressen überreichen.

Wenn Sie jetzt darauf bestehen, dass Ihre Katze die gerade gefangene Beute wieder hergibt, dann mutieren Sie von der tollen Spielpartnerin in eine konkurrierende, Jagderfolg vermiesende und womöglich sogar bedrohliche Person. Keine besonders attraktive Rolle, oder? Wie wäre es, wenn Sie sich stattdessen in eine vorausschauende und strategisch kluge Katzenversteherin verwandeln und Folgendes tun:

Wenn Ihre Katze SIE anknurrt

Beim ersten Mal lassen Sie Ihre Katze, wie oben schon empfohlen, die Beute wegtragen. Räumen Sie sie später irgendwann weg, wenn Ihre Katze sie nicht mehr interessant findet. Besorgen Sie in den kommenden Tagen ein oder besser sogar zwei weitere Exemplare des gleichen Spielzeugs. Bis Sie diese zu Hause haben, können Sie entweder das erste im Schrank liegen lassen oder eben das knurrende Wegschleppen in Kauf nehmen. Sobald der Nachschub da ist, nutzen Sie diesen für Tauschgeschäfte. Das bedeutet: Sie lassen Ihre Katze die erste Spielbeute wegschleppen – sie wird sich damit dann irgendwohin kauern. Nun gehen Sie in die Nähe und warten ab, bis Ihre Katze die Beute ablegt. Sobald sie kurz aufschaut oder aufhört, an ihr herumzukauen, bewegen Sie sofort in mindestens ein bis zwei Metern Entfernung den Spiel-Klon nach allen Regeln der Katzenspielkunst. Mit sehr hoher Wahrscheinlichkeit wird Ihre Katze daraufhin vom ersten Spielzeug ablassen und sich dem neuen widmen. Sie lernt, dass das Hergeben belohnt wird durch neue tolle Jagdspielangebote und mehr potenzielle Beute. Auf diese Weise können Sie länger mit einem sehr begehrten Spielzeug spielen. Irgendwann wird es Ihrer Katze reichen und es fällt ihr dann leichter, sich für heute von der Beute zu trennen.

Im Laufe der Zeit wird sich das Knurrverhalten am gefangenen Spielzeug mit dieser Strategie abschwächen und schließlich ganz verschwinden. Einen Anteil daran hat oftmals, dass Spielbeute besonders attraktiv ist, wenn sie noch ganz neu ist. Durch das beschriebene Vorgehen lernt Ihre Katze jedoch auch, dass sie keine Konkurrenz fürchten muss. Und wer vertraut, dass ihm nichts weggenommen wird, muss auch nichts verteidigen.

Wenn Ihre Katze eine MITZKATZE anknurrt

In diesem Fall gilt im Grunde das gleiche. Beobachten Sie bitte zunächst die Situation. Zieht sich die Mitkatze nach dem Knurren zurück und schaut nur noch aus größerer Distanz, können Sie die Situation laufen lassen und wie eben beschrieben weiter verfahren. Die beiden regeln das dann offenbar sehr gut miteinander. Ist die Mitkatze aufdringlicher (vielleicht auch nur aus Neugier) und gibt somit Grund zur Verteidigung des Spielzeugs, lotsen Sie die Mitkatze bitte freundlich aus dem Raum und beschäftigen Sie sie zum Ausgleich woanders mit etwas Tollem. Sobald Sie die zusätzlichen Spielzeuge haben, bieten Sie in diesem Fall einfach ein tolles Spiel mit dem Klon an, sobald die erste Katze mit dem Knurren beginnt, unabhängig davon, ob sie das Spielzeug schon abgelegt hat oder nicht. Bei akuter spannungsgeladener Konkurrenz zwischen zwei Katzen hat es oberste Priorität, diese schnellstmöglich aufzulösen und die Aufmerksamkeit der beiden umzulenken. Im ersten Schritt wäre es günstig, wenn beide Katzen auf den Klon schauen und deshalb voneinander ablassen. Im zweiten Schritt versuchen Sie bitte, beide Katzen jeweils zur Beschäftigung mit einem der beiden Spielzeuge anzuregen.

Falls Ihre Katze mehrere sehr begehrte Spielzeuge hat, die sie „knurrverteidigt", können Sie anstelle eines Klons auch ein anderes aus dieser Sammlung benutzen. Das Grundprinzip des vorgeschlagenen Vorgehens beruht übrigens nicht nur auf lerntheoretischen Überlegungen und gesundem Menschenverstand, sondern auch auf verhaltensbiologischen Beobachtungen.

Bradshaw beschreibt, dass Katzen sehr häufig eine soeben gefangene und getötete Beute liegen lassen, wenn sie eine neue lebende Beute entdecken (Bradshaw 2012). Die Motivation zu jagen ist sehr stark und gewinnt gegenüber nur kleinem Appetit offenbar leicht die Oberhand.

Bewegungsvariationen mit interaktiven Spielzeugen

Grundsätzlich gibt es drei Arten von Spielzeugen, die für interaktives Spiel zwischen Katze und Mensch eingesetzt werden können: Spielangeln, Spielstäbe und Spielzeuge zum Werfen (Bälle, Mäuschen u.Ä.). Manchmal vergessen wir, dass wir ein bestimmtes Spielzeug nicht nur auf eine spezielle Art verwenden können. Deshalb hier in Kürze noch einmal einige Variationsvorschläge:

Bällchen und ähnliche Spielzeuge können Sie:

- … über den Boden schliddern lassen
- … tief werfen
- … hoch fliegen lassen
- … von Boden oder Wand abprallen lassen
- … hüpfen lassen

Und das Ganze entweder …

- … von der Katze weg oder
- … an der Katze vorbei oder
- … über die Katze hinüber.

Die gleiche Spielangel können Sie neu und spannend machen durch …

- … unterschiedliche Anhänger.
- … unterschiedliche Bewegungsarten, in die Sie die Beute daran versetzen (schnell, langsam, fliegend, rutschend, hüpfend).

Gemeinsames Spiel: Beutefangspiele

Auch Spielstäbe können sich sehr unterschiedlich „verhalten":

- Es kann mal der Federpuschel, mal einfach die Stabseite das Zielobjekt sein.
- Sie können auf einem Teppich herumsausen oder unter etwas verschwinden. Oder sogar die Wand oder ein Tischbein hochsausen!
- Bei Stocherspielen können Sie variieren zwischen hervorlugen, sich sichtbar unter der Tarnung bewegen oder einfach nur zu hören sein, ohne sichtbare Reize.

Spielangel ist nicht gleich Spielangel und Spielmaus nicht gleich Spielmaus. Der Spannungslevel hängt zum Beispiel auch ab vom Material:

- Wie fühlt es sich für die Katze an, wenn sie es mit den Pfoten oder dem Maul berührt?
- Wie riecht es?
- Welche Bewegungseigenschaften hat es?
  Gerade die Bänder an Spielangeln entscheiden oft darüber, ob eine Katze sich auf ein Spiel einlässt oder nicht, da sie die Bewegungsart der Spielbeute maßgeblich beeinflussen. Es gibt z.B. auch einige Spielzeuge, deren Beute an einem geschwungenen Draht insektenartig wabernd durch die Luft fliegt.
- Wie klingt es?
  Wenn es durch die Luft fliegt (auch hier bringen unterschiedliche Spielangeln verschiedene Flugeigenschaften mit)? Oder über den Boden schlittert? Enthält es etwas Rasselndes oder ein Glöckchen?
- Gleiches gilt auch noch für die Tarnangebote von Katze und Spielzeug. Variieren Sie auch hier Aussehen, Geruch und Haptik für abwechslungsreiches Spielvergnügen: Wie fühlt es sich an, auf Papier, Teppich oder Holzboden zu jagen? Wie fühlt es sich an, sich im Rascheltunnel, hinter dem Vorhang oder unter dem Sessel zu verstecken? Welchen Sound macht das Spielzeug auf verschiedenen Materialien, welche Geräusche verursacht die Katze selbst beim Anpirschen und beim Fangversuch?

Ideen für Spielzeuge

Es sind wirklich ganz unterschiedliche Dinge als Katzenspielzeug geeignet. Wer gerne bastelt, kann sich kreativ austoben. Bei den Kaufspielzeugen muss billig nicht immer schlecht und teuer nicht immer gut sein. Es gibt allerdings einige hochpreisige Anhänger für Spielangeln, die sich vergleichsweise großer Beliebtheit erfreuen und ihren Preis wert sind. Diese sind aktuell eher in Internetshops erhältlich als in Fachgeschäften.

Im Folgenden werden einige Vorschläge für Spielzeuge zusammengetragen, die häufig zu Lieblingsspielzeugen auserkoren wurden. Es werden einige Markennamen genannt, um das Auffinden der Spielzeuge zu vereinfachen. Die Namensnennung ist nicht gesponsert, sondern der Beliebtheit der Spielzeuge geschuldet. Recherchieren Sie gerne nach ähnlichen Spielzeugen anderer Firmen, die vielleicht genauso gut oder gar besser sind. Der Markt verändert sich ständig und das Angebot wächst! Ich danke an dieser Stelle meinen Beratungskundinnen und Seminarteilnehmerinnen für die Einblicke in das Spielleben und die Lieblingsspielzeuge ihrer Katzen.

Tipp: Es gibt inzwischen viele Spielangelstäbe, die bequem zu einem langen Stab zusammengesteckt werden können, um mit großem Radius zu spielen, und sie anschließend – auseinandergenommen – in einer Schublade verschwinden zu lassen. Der neueste Trend sind Teleskopstäbe, die ebenfalls eine praktische Verwahrung der Angeln außerhalb der Spielzeiten ermöglichen.

Achtung: Bitte prüfen Sie nach dem Kauf und regelmäßig nach den Spieleinheiten den Zustand der Spielzeuge und Anhänger. Einige enthalten Metallteile, die nicht immer perfekt verarbeitet sind oder im Laufe der Zeit vielleicht freigelegt werden. Dann stellen Sie ein Verletzungsrisiko für Ihre Katze dar. Das gilt natürlich auch für Selbstgebasteltes. Achten Sie bitte außerdem auf kleine Plastik- oder Gummiteilchen, die nur aufgeklebt sind und leicht abgekaut und verschluckt werden könnten. Entfernen Sie diese, bevor sie mit Ihrer Katze damit spielen. ...

> **!** ... Schließlich könnten Sie sich Gedanken darüber machen, ob die Materialien von gebasteltem und gekauftem Spielzeug (z.B. die Färbemittel und Kleber) für Ihre Katze unbedenklich sind, wenn sie darauf herumkaut, viel daran leckt oder sich nach intensivem Pfotenkontakt dieselben putzt (vgl. *Teil 3 – Organisatorisches und Sicherheit – Sicheres Spielen*).

Spielangelanhänger - Kaufspielzeuge

- aus Federn bzw. mit rotierenden Federn, die ein sirrendes Geräusch erzeugen (z.B. von DaBird, Frenzy Cat Toy)
- aus Fell (z.B. von DaBird, Frenzy Cat Toy)
- insektenartig (z.B. CatDancer, verschiedene von Nekoflies, Frenzy Cat Toy)
- mausartig (Frenzy Cat Toy, Fishing Pole, Cat Catcher)
- wurmartig (z.B. Cat Charmer, Frenzy Cat Toy)
- Holzperlen (Bastelbedarf)
- feste Wattekugeln mit Loch (Bastelbedarf)

Spielanhänger – selbstgemacht / im Haushalt zu finden

- aus selbst gesammelten Federn
- kleiner Stofffetzen
- kleiner Kabelbinder
- Pfeifenreiniger
- Strohhalm
- Etikettenanhänger von neuer Kleidung (fest in das Bändchen integrierte Plastikteile sorgen für leises Klackern)
- Kastanien (lassen sich frisch durchbohren)
- dünne Öffnungsstreifen aus Karton von flachen Paketverpackungen

Ideen für Spielzeuge

Mäuse, Bällchen und Co – Kaufspielzeug

- 🐾 Kitty Boink
- 🐾 Schaumstoffbällchen
- 🐾 Tischtennisbälle
- 🐾 Filzbälle
- 🐾 Rasselbällchen
- 🐾 Spielmäuse aus verschiedenen Materialien, mit oder ohne rasselnder Füllung
- 🐾 feste Wattebälle (aus dem Bastelbedarf)
- 🐾 Knisterkissen
- 🐾 Katzenminze- oder Baldriansäckchen
- 🐾 Bälle oder Säckchen mit Federn, Fellstreifen oder Alustreifen daran
- 🐾 winzige Rattanbällchen
- 🐾 Korkbällchen

Mäuse, Bällchen und Co – selbstgemacht / im Haushalt zu finden

- 🐾 Walnuss mit Schale
- 🐾 Erdnuss mit Schale
- 🐾 Filzbällchen
- 🐾 Filzwürmer oder -ringe
- 🐾 Alukugeln
- 🐾 Ball aus Brötchentütenpapier
- 🐾 Wattestäbchen
- 🐾 Korken
- 🐾 umhäkelte Bällchen/Kugeln
- 🐾 Pfeifenreiniger, zu einem Gebilde geformt (Vorsicht mit scharfen Enden)
- 🐾 rohe Nudel

- Strohhalm aus Plastik
- Tetrapak-Getränke-Deckel
- Tampon
- Überraschungs-Ei-Döschen
- aus nassem Klopapier gefertigte und getrocknete Spielkügelchen
- Kieselsteinchen
- Tannenzapfen
- Kastanie
- Pappschnipsel
- Haargummi
- Haarspange

Improvisierte Spielangelbänder / Spielschnüre

- Schnürsenkel
- Schweifhaar (vom Pferd) als geruchsintensive „Spielschnur"
- dickes, etwas breiteres Paketsicherungsband (Vorsicht: scharfe Kanten an der Schnittstelle rund schneiden)
- ein längeres Stück Kordel mit max. 1 cm Durchmesser
- ein Stück Wäscheleine
- Naturbastband
- Lederband
- Paketband
- Geschenkband
- ausrangierter Hosen- oder Bademantelgürtel (Achtung: könnte als „schlangenähnlich-gefährlich" wahrgenommen werden)
- ausrangierte Vorhangtroddeln

Sonstiges

- 🐾 Dressurgerte als Spielangelstab und zum Stochern
- 🐾 langer Grashalm oder eine Pfauenfeder als "Spielstab"
- 🐾 gepflücktes Stöckchen, z.B. Haselnussrute (Giftcheck) als Spielangelstab oder Spielstab
- 🐾 ein kurzes Stück Kordel mit ca. 1 cm Durchmesser, vielleicht mit Knoten darin
- 🐾 Streifen Wellpappe
- 🐾 Kong Kickeroo zum Raufen
- 🐾 winzige Kuscheltiere
- 🐾 ausgestopfte Babysocke
- 🐾 längere Filzschlange (z.B. aus Filzwolle geflochten, gehäkelt oder gestrickt) als Angel oder Solitärspielzeug

Gemeinsames Spiel: Rauf- und Verfolgungsspiele

Gemeinsames Spiel: Rauf- und Verfolgungsspiele

Wenn Sie mit Ihrer Katze Verstecken spielen oder sogar kleine Kampfspiele wagen möchten, ist etwas Vorsicht geboten. Und zwar auf zwei Ebenen:

1. Zum einen sind wir Menschen einfach keine Katzen. Das ist uns in der Regel bewusst, aber wir vergessen manchmal, uns auch die Unterschiede bewusst zu machen. Und ein entscheidender Unterschied, der im Kontext von Sozialspielen zwischen Mensch und Katze relevant ist, ist der der Größe. Ein Spielpartner, der für Sie im Verhältnis so groß wäre, wie Sie es für Ihre Katze sind, wäre ca. neun Meter groß und würde eine Tonne wiegen (vgl. Rechenbeispiele in *„Katzenhaltung mit Köpfchen"* von Hauschild (2012)). Wenn nicht Ihre Freundin, sondern dieses Riesenwesen mit Ihnen Fangen spielen würde, wäre das sicherlich ungleich aufregender, oder? Möglicherweise würden Sie auch entscheiden, dass Ihnen das etwas zu unheimlich ist. Das gleiche gilt für Raufspiele mit einem so übermächtigen Partner, egal wie liebevoll und umsorgend der sonst sein mag. Ein spielerisches Festhalten oder „Angreifen" könnte Ihnen Ihre körperliche Unterlegenheit unangenehm bewusst machen.

Da in Kampfspielen ja typischerweise Drohmimiken zur Schau gestellt werden, sowohl offensive als auch defensive, ist es für den Menschen sehr schwer zu erkennen, wann eine Katze aufhört, Abwehr zu *spielen* und stattdessen beginnt, ernsthaft abzuwehren. Das gilt insbesondere für die beliebten „Bauch nach oben"-Spielpositionen, bei denen der Mensch seine Hand auf den Brustkorb oder Bauch der Katze legt und diese dort raufend hin und her bewegt. Was als Spiel beginnt, kippt oft leicht und endet mit einer Katze, die sich bedrängt und bedroht fühlt und dann erlebt, dass ihr Spielpartner nicht besonders schnell versteht, dass das Spiel längst vorbei ist. Das ist kein schönes Gefühl für die Katze und nicht günstig für eine vertrauensvolle Beziehung. Außerdem besteht eine erhöhte Verletzungsgefahr für den Menschen, wenn die Katze beginnt, defensiv-aggressives Verhalten, also Selbstverteidigung, zu zeigen.

Auch wenn die Katze einfach nur Spaß hat am Raufen mit ihrem großen Spielkameraden besteht das Risiko, dass sie aufgrund des Gruselfaktors in eine sehr starke Erregung gerät, die ebenfalls zu einem ungehemmteren Einsatz von Krallen und Zähnen führt. Das ist dann zwar rein der Aufregung geschuldet und nicht böse gemeint, kann aber dennoch zu Verletzungen führen, die über einen leichten Kratzer hinausgehen.

2. Zum anderen könnte das Spielraufen im Ernstfall enthemmend wirken: Ist Ihre Katze in der Lage, gehemmt zu raufen (also ohne Krallen und Zähne), kann ein spaßiger Ringkampf Mensch und Katze viel Freude bereiten. Wenn Ihre Katze mit Ihnen solche Raufspiele spielt, wird es für sie etwas Normales, Ihre Füße oder Arme zu packen und spielerisch zu beißen oder zu treten. Und das kann mit etwas Pech problematisch werden:

Möglicherweise überträgt Ihre Katze die Erfahrung mit Ihnen auf andere Menschen im Sinne von: „Alle Menschen finden es lustig, wenn ich sie anspringe und wir uns balgen." Dadurch können Missverständnisse und Ängste entstehen, wenn Ihre Katze versucht, z.B. nichts ahnende Besucher durch eine „Attacke von hinten" zum Spiel aufzufordern. Oder Ihr Neugeborenes.

Und es ist denkbar, dass die Hemmschwelle für echtes aggressives Verhalten Ihnen oder anderen Menschen gegenüber herabgesetzt wird, wenn mit einer Katze viel gerauft wird. Das bedeutet, dass eine solche Katze womöglich eher zum Ausleben frustrationsbedingter Aggression neigen könnte (das ist oftmals bei Katern ein Thema!). Oder dass in einer ernst zu nehmenden, unglücklich entstandenen Krisensituation, in der Ihre Katze aus irgendeinem Grund Angst vor Ihnen hat oder aus anderem Grund hocherregt ist, sie schneller in handfeste Selbstverteidigung wechselt, statt in einer Rückzugsstrategie zu bleiben. Es ist keinesfalls so, dass man sagen könnte, dass alle Katzen, mit denen Raufspiele gemacht werden, irgendwann aggressives Verhalten ihren eigenen oder anderen Menschen gegenüber zeigen. Aber bei vielen Katzen, die bereits intensives aggressives Verhalten gegen Menschen gezeigt haben, findet man Raufspiele in ihrer Vergangenheit.

Empfehlungen für Verfolgungs- und Raufspiele mit der Katze

Nur weil Sozialspiele zwischen Mensch und Katze unerwünschte Nebenwirkungen haben können, müssen Sie nicht zwangsläufig darauf verzichten. Gerade die Sozialspiele können die Bindung zwischen Mensch und Katze sehr intensivieren, weil es eben ein Spiel ist, in dem sich beide unmittelbar aufeinander beziehen und miteinander herumalbern. Das hat eine andere Qualität, als wenn Sie die großartige „unsichtbare Hand" am anderen Ende der Spielbeute sind und so Vergnügen bereiten („andere Qualität" meint hier buchstäblich und wertfrei „anders", also nicht unbedingt „besser"). Wenn Sie einige Regeln beherzigen, eröffnet sich in diesem Bereich vielleicht eine neue kleine Welt für Sie beide.

Von Raufspielen mit Ihrer Katze, bei denen Sie Ihre Hände (oder Füße) im direkten Körperkontakt einsetzen, rate ich Ihnen dennoch ab. Weiter unten können Sie lesen, welche konstruktiven Alternativen es gibt, um trotzdem mögliche Raufbedürfnisse Ihrer Katze zu befriedigen.

Spielregeln: Verfolgungs- und Rennspielen hingegen können Sie gerne frönen, wenn Sie beide Spaß daran haben. Damit Ihre Katze daran Vergnügen entwickeln und dauerhaft erhalten kann, sind die drei allerwichtigsten Regeln:

Machen Sie Ihrer Katze dabei niemals Angst!

Beobachten Sie Ihre Katze sehr genau während des Spiels und reagieren Sie flexibel auf ihr Verhalten und ihre Ideen – passen Sie Ihr Verhalten an das Ihrer Katze an und überlassen Sie ihr maßgeblich die Gestaltung des Spielverlaufs.

Sobald Sie kleinste Anzeichen von Unsicherheit bei ihr beobachten, z.B. eine Gewichtsverlagerung nach hinten oder einen ängstlichen Blick in Ihre Richtung, unterbrechen Sie sofort das Spiel. Das gleiche gilt, wenn Sie sehen, dass Ihre Katze ihrerseits das Spiel unterbricht, indem sie z.B. kurz in eine andere Richtung schaut oder ein Objekt beriecht. Damit signalisiert sie, dass sie eine Pause braucht (oder sich gerade um Wichtigeres kümmern muss).

Verfolgungsspiele mit Ihrer Katze: „Fangen"

Am besten überlassen Sie es Ihrer Katze, ob Sie beide gemeinsames Fangenspielen in Ihren Alltag aufnehmen oder nicht. Steigen Sie gerne auf entsprechende Spielaufforderungen Ihrer Katze ein, aber seien Sie sehr behutsam, wenn Sie sie Ihrerseits zu einem solchen Spiel auffordern möchten – oder verzichten Sie einfach ganz darauf.

Wie kann es aussehen, wenn Ihre Katze in Stimmung für „Fangen spielen" ist? Es gibt einige typische Verhaltensweisen, die darauf hindeuten können, z.B.:

- Ihre Katze lauert Ihnen auf und hüpft in Ihre Richtung oder an Ihre Beine, wenn Sie arglos an ihrem Lauerposten vorbeigehen.
- Ihre Katze dreht sich plötzlich um und schießt dabei entweder geduckt in großen Sätzen oder eher aufrecht und dafür im Hoppelgalopp in die andere Richtung los, oftmals begleitet von einem kleinen Quieken.
- Sie kratzt am Kratzbaum o.Ä. und wirft dabei irre Blicke über die Schulter.
- Ihre Katze sieht Sie und bietet Ihnen „Breitseite" an.

Rollenspiele

Wenn Sozialpartner miteinander spielen, entwickeln sie immer ihre eigenen, ganz individuellen und nur für dieses Paar oder diese Gruppe geltenden Regeln. Das müssen Sie für Verfolgungsspiele auch mit Ihrer Katze tun. Finden Sie heraus, was Ihrer Katze am meisten Spaß macht und womit sie sich am wohlsten fühlt. Das ist in der Regel das, was sie von alleine anbietet. Sie selbst können verschiedene Rollen einnehmen – es sind die gleichen Rollen, die auch Ihre Katze spielen kann: die der Gejagten, der Verfolgerin, des arglosen Opfers oder auch die des plötzlich auftauchenden Schreckgespenstes.

Die Gejagte: Sie drehen sich um und laufen nach vorherigem Blickkontakt mit Ihrer Katze plötzlich, aber albern vor Ihrer Katze davon und verschwinden hinter der nächsten Ecke oder verstecken sich (gerne auch mehr schlecht als recht) hinter dem nächsten Möbelstück.

Die Verfolgerin: Ihre Katze rast von Ihnen weg und Sie verfolgen sie. Für die meisten Katzen ist es angenehmer, wenn ihr Mensch ihnen langsam hinterherschleicht statt wild hinterherzurennen. Wenn Sie das Versteck Ihrer Katze gefunden haben, können Sie entweder beim Anblick der Katze Ihrerseits erneut flüchten. Oder Sie tun so, als hätten Sie sie nicht bemerkt und verwandeln sich in ein argloses Opfer. Damit hätten Sie beide einen spielerischen Rollenwechsel vollzogen.

Das arglose Opfer: Sie wissen, dass Ihre Katze in einem Versteck Position bezogen hat und gehen absichtlich „unaufmerksam" daran vorbei, so dass sie Sie von hinten anspringen kann. Daraus können Sie in die Rolle der Gejagten wechseln oder sich mit einer Pirouette Ihrer Katze zuwenden – dann düst diese womöglich schnell in die andere Richtung (erneuter Rollenwechsel). Übrigens spielen auch manche Katzen freiwillig das „arglose Opfer". Dann könnten Sie zum Beispiel „total unsichtbar" hinter einer großen Pflanze hocken und Ihre Katze würde so tun, als ob sie Sie überhaupt nicht bemerkt – und sich dann vergnügt erschrecken, sobald Sie eine Bewegung machen.

Das Schreckgespenst: Als Schreckgespenst jagen Sie Ihrer Katze kleine Schreckensschauer über den Rücken. Das kann klappen, wenn Sie sich z.B. bei einer Verfolgung durch Ihre Katze so verstecken, dass Ihre Katze wirklich nicht bemerkt, wo sie sind. Sobald sie an Ihnen vorbeigeht, machen Sie eine kleine plötzliche Zuckbewegung mit dem ganzen Körper – mehr ist in der Regel nicht nötig! Oder Sie lauern geduckt hinter einem Möbelstück und machen sich plötzlich groß.

Zum Nachdenken / Ausprobieren: Versuchen Sie, während der Spiele sehr genau die Körpersprache Ihrer Katze wahrzunehmen. Sind ihre Pupillen in der jeweiligen Situation groß oder klein? Wirkt ihr Blick bohrend, aufmerksam oder jeck? Ohren gespitzt oder umgedreht? Läuft sie geduckt oder normal oder hoppelnd? In welche Richtung zeigen ihre Schnurrhaare? Stellt sich das Fell auf? In welchen Körperregionen und aus welchem Spielanlass? Gibt Ihre Katze kleine Geräusche von sich? In welchen Momenten? Spreizt sie ihre Zehen, während sie Ihnen Breitseite gibt?

All diese körpersprachlichen Variationen inklusive Drohposen (z.B. zurückgedrehte Ohren, Breitseite) und Erregungsanzeichen (z.B. große Pupillen, aufgestelltes Fell) könnte Ihre Katze im Spiel mit Ihnen zeigen. Je besser Sie lernen, wie Ihre Katze sich dabei ausdrückt, desto leichter wird es Ihnen fallen, Spaß und Ernst zu unterscheiden und auch Spielaufforderungen Ihrer Katze zu erkennen. Beim Spielen bleiben die Bewegungen Ihrer Katze in der Regel weich, fließend (wenn sie nicht gerade plötzlich losschießt) und übertrieben-albern. Wenn Sie starke oder anhaltende Anzeichen von innerer Erregung sehen, wie z.B. dauerhaft geweitete Pupillen trotz hellem Tageslicht oder einen dick aufgeplusterten Schwanz, oder Ihre Katze nicht mehr leicht ansprechbar ist, dann legen Sie gerne eine Pause ein und machen etwas sachter weiter. So verhindern Sie, dass Ihre Katze in Übererregung vielleicht doch etwas zu ruppig wird oder die Stimmung kippt.

Expertisedetails für menschliche Spielpartner

Wenn Sie versuchen, mit Ihrer Katze Fangen zu spielen, achten Sie bitte darauf, wie Sie sich bewegen. Versuchen Sie, allzu polteriges Auftreten oder Laufen zu vermeiden, und üben Sie sich in Geschmeidigkeit und gekonntem Anpirschen. Am besten gewöhnen Sie sich zwei oder drei typische Spiel-Fortbewegungsarten an, die sich von Ihrem normalen Gehen unterscheiden. Dann kann Ihre Katze leichter unterscheiden, ob Sie gerade Quatsch machen und in Spiellaune sind oder nicht. Dazu könnte zum Beispiel gehören:

- Drehen Sie sich aus mehreren Metern Entfernung in einer Viertelbewegung seitlich zu Ihrer Katze, stellen Sie sich auf die Zehenspitzen und nehmen Sie eine maximale aufrechte Haltung ein, den Blick auf Ihre Katze gerichtet – genau: das ist die Imitation von „Breitseite".

- Aus dieser Haltung (aber auch aus dem normalen Stand oder Gehen) können Sie halb seitlich in Richtung Ihrer Katze stolzieren, indem Sie die Füße höher anheben als gewöhnlich – das könnte Ihr persönlicher „Jetzt komme ich und fresse dich"-Gang werden.

- Laufen Sie gerne etwas albern oder zum Beispiel auch auf glattem Boden schlidderend von Ihrer Katze weg und fegen Sie dabei leicht übertrieben um die Ecken. Vorsicht mit Hüpfen – das ist leicht mal etwas viel des Guten.

- Lächeln und grinsen Sie – auch Lachen ist erlaubt. Natürlich nur, wenn Sie lachen müssen, sonst könnte das befremdlich werden. Probieren Sie aus, was passiert, wenn Sie alberne Gesichter machen und z.B. Mund und Augen gleichzeitig übertrieben weit aufreißen (bitte anfangs mit mindestens 2-3 Metern Entfernung zu Ihrer Katze).

Wenn Sie Ihre Katze verfolgen, deuten Sie das Fangen selbst bitte nur an und stoppen ohne Körperkontakt spätestens kurz vor Ihrer Katze ab. Häufig ist es sogar eine gute Idee, die Katze aus einigen Metern Entfernung in Ihrem Versteck zu entdecken und zu enttarnen, dann nicht näher zu kommen, sondern kurz „Breitseite" zu zeigen und sich anschließend durch „Flucht" als Gejagte anzubieten.

Wenn Ihre Katze Sie fängt, sei es nach Verfolgung oder als Schreckgespenst, kann dies unterschiedlich aussehen. Einige Katzen gehen ebenfalls nicht in den Körperkontakt, sondern machen nur Scheinattacken, die unmittelbar vor Ihnen stoppen. Andere versetzen Ihnen einen Pfotenhieb ohne Krallen oder hüpfen Sie leicht und ebenfalls ohne Krallen mit den Vorderpfoten an, um im nächsten Moment wieder loszudüsen und sich jagen zu lassen oder sich ganz schnell in die Schreckgespenst-Tarnposition zurückzuziehen. Und wieder andere Katzen, meist Kater, springen Sie an und halten Sie gepackt, um in ein Raufspiel überzugehen. Natürlich kann auch ein und dieselbe Katze in verschiedenen Situationen und Stimmungen alle drei Varianten zeigen. Ein leichter Pfotenhieb oder ein spielerisches An-die-Beine-Hüpfen ist prinzipiell harmlos, allerdings beginnt hier ein schleichender Übergang in die Grauzonen des Raufspiels, das u.U. die oben genannten Nebenwirkungen haben kann. Entscheiden Sie, wie wohl Sie sich mit diesen Spielattacken fühlen und behalten Sie die Intensität im Auge. Wird es Ihnen unheimlich oder haben Sie es ohnehin ganz offenkundig mit einer raufboldigen Katze zu tun, lenken Sie sie in diesen Situationen auf ein gesittetes Raufspiel um (vgl. *nächstes Kapitel*).

Wie bei den Beutefangspielen sind auch für Verfolgungsspiele Tarnmöglichkeiten wichtig, diesmal nicht nur für Ihre Katze, sondern auch für Sie selbst. Das gilt vor allem dann, wenn ihre Katze Spaß hat an Schreckgespenst / argloses Opfer.

Spiel- und Pausensignale

Mit den eben beschriebenen besonderen Bewegungsarten geben Sie Ihrer Katze Spielsignale (oder versuchen es zumindest), die Ihrer Katze die Sicherheit geben können, dass alles in Ordnung ist. Oft ist es eine gute Idee, zwischendurch von alleine in kleineren Abständen kurz zu unterbrechen und „Pausensignale" zu geben. Pausensignale könnten z.B. sein:

- Wechsel in normale Körperhaltung und -spannung
- Abwenden von Ihrer Katze
- eigene Aufmerksamkeit offenkundig auf etwas anderes richten
- normale freundliche Ansprache

Unterbricht Ihre Katze kurz, können Sie ihr eine direkte kleine Rückversicherung anbieten, indem Sie sie nett ansprechen, Ihr einen Finger für Nase-Finger-Kontakt anbieten (falls Sie beide häufiger so Kontakt aufnehmen) oder sie langsam anblinzeln. Alternativ können Sie indirekt reagieren, indem Sie ebenfalls ein Pausensignal geben. Anschließend können Sie beobachten, ob es Ihrer Katze für heute reicht mit dem Sozialspiel oder ob sie kurze Zeit später vielleicht bereit für eine weitere Runde ist.

Zur Erinnerung: Ihre Katze unterbricht das gemeinsame Spiel vermutlich, indem sie einfach ihre Aufmerksamkeit nicht mehr Ihnen, sondern etwas anderem zuwendet. Dies ist dann definitiv kein guter Moment, um als Mensch Schreckgespenst zu spielen oder Breitseite zu zeigen. Beim gemeinsamen Spiel sind Sie beide miteinander im Kontakt. Bricht der Kontakt ab, endet für den Moment auch das Spiel.

Individuelle Vorlieben

Katzen zeigen persönliche Vorlieben für die verschiedenen Rollen beim Fangenspielen. Während einige mühelos und vergnügt zwischen den Rollen wechseln, bevorzugen andere ganz klar ein oder zwei Parts und können mit den anderen nichts anfangen. Das ist okay so. Sie müssen Ihrer Katze an dieser Stelle nichts beibringen.

Manchmal entwickeln Katzen besondere Spielvorlieben im Rahmen der Verfolgungsspiele mit Ihrem Menschen, die sie dann von alleine immer wieder initiieren.

Beispiel: Monty spielt gerne den Gejagten, das arglose Opfer und Schreckgespenst. Die Rolle des Verfolgers liegt ihm nicht so sehr. Wenn er sich anschleicht, nachdem ich geflohen bin, spielt er fast immer entweder das arglose Opfer und lässt sich erschrecken oder er gibt mir auf Sicht direkt wieder Breitseite, aus der heraus er wegrennt, um sich selbst verfolgen zu lassen. Aus Tarnung heraus ist er gerne das weiße Schreckgespenst, das plötzlich hervorschießt. Dabei hat Monty verschiedene Lieblingssettings:

Als Gejagter liebt er es, lange Strecken zu galoppieren oder irre zu flitzen. Dafür nutzt er vor allem den langen Flur oder auch lange Wege im Garten. Am Ende seiner „Flucht" sucht er Verstecke auf, die es ihm ermöglichen, direkt wieder Schreckgespenst zu spielen. Montys wichtigste Schreckgespenst-Positionen sind: hinter Vorhängen, in Tunneln, zwischen Blumenkübeln, in hohes Gras gekauert oder mitten in einer Staude oder einem Busch sitzend. Sein allerliebstes Gespensterspiel ist es, wenn ich vorbeikomme unter einem Vorhang hervor und direkt auf einen kleinen Läufer zu springen, auf dem er dann wild auf mich zu schliddern kann.

Vorhang und Teppich grenzen direkt an einen Treppenaufgang. Daraus ergibt sich oft eine typische Spielsituation, wenn wir zusammen über die Treppe die Wohnung betreten: Monty rast die Treppe hinauf und bringt sich hinter dem Vorhang in Position. Ich komme als argloses Opfer hinterher und lasse mich erschrecken, wenn Monty „plötzlich" durch den Vorhang kommt. Daraufhin ziehe ich mich einige Stufen nach unten zurück und nehme eine geduckte Position ein. Wenn Monty das nächste Mal hervorschießt, richte ich mich plötzlich auf und werde meinerseits zum Gespenst, woraufhin Monty quiekend wegdüst oder mir Breitseite gibt.

Sein Lieblingsverfolgungsspiel draußen ist „Jag mich auf den Baum". Nach ein wenig wechselseitiger Breitseite zwischen uns beiden rast er, wenn ich auf ihn zu komme, einen Plattenweg hinunter, um eine scharfe Kurve herum, wobei er teils fast waagerecht an einem kleinen Erdwall entlangläuft und dann einen Kirschbaum hinauf. Davon macht er gerne mehrere Wieder- ...

... -holungen, wobei er häufig anfangs das Hochklettern nur andeutet und am Ende in die Tat umsetzt. Vom Kirschbaum aus folgt dann nämlich ein kleiner Erkundungsgang über einen niedrigen Teil des Hausdachs.

Drinnen machen Monty oft Spielrunden Spaß, bei denen er mal mich erschrickt und kurz meine Füße packt, wir uns zwischendurch Breitseite geben und er sich aber und vor allem immer wieder auch auf andere „Kampf- und Beuteobjekte" stürzt (Bällchen, Teppiche, Baldriankissen). Meine Aufgabe ist es dann, im richtigen Moment kurz als Gespenst oder mit Breitseite aufzutreten, um seinem freien Spiel neuen Schwung zu geben. Diesen Part kann ich auch leicht übernehmen, wenn ich eigentlich gerade koche oder mit etwas anderem beschäftigt bin. Er erfordert nur ein halbes Auge auf Montys Aktivitäten und alle paar Minuten weniger als zehn Sekunden für einen Gespensterauftritt, manchmal gemischt mit einzelnen Würfen von neuer Spielbeute als Anregung für eine neue Runde solitären Beutefangs.

Raufspiele mit Ihrer Katze

Woran können Sie erkennen, dass Ihre Katze gerne rauft bzw. gerne raufen würde oder ihr ein Raufspiel mit Ihnen guttun könnte? Folgende Punkte können Indizien dafür sein:

- Ihre Katze versucht mit einer Mitkatze zu raufen, wird dabei aber abgewiesen.
- Beim Fangen springt sie Ihnen recht heftig in die Beine, versucht Sie festzuhalten und wechselt nicht unmittelbar wieder in die Rolle der Gejagten.
- Ihre Katze packt und tritt gerne verschiedene Spielzeuge.
- Sie lässt sich in Streichelsituationen manchmal auf die Seite bzw. auf den Rücken fallen („Bauch nach oben") und hangelt nach Ihrer Hand bzw. packt aus Berührungssituationen heraus Ihre Hand mit den Vorderpfoten und bearbeitet sie mit den Hinterpfoten.
- Ihre Katze ist ein Kater. Raufspiele sind einfach wirklich „typisch Kater". Auch wenn einzelne von ihnen keinen Spaß daran haben, liegt die Quote der Rauflustigen bei den Katern wesentlich höher als bei den Kätzinnen.

Wie kann man nun versuchen, der Katze die Möglichkeit zu geben, ihre Raufleidenschaft auszuleben und Kampf zu spielen, ohne sich selbst direkt als Sparringspartner anzubieten?

Raufspiel I: Minimaloption

Die Minimalversion eines Raufspiels wurde in Teilen bereits weiter oben im Zusammenhang mit der Anregung zu verschiedenen Spielelementen im interaktiven Beutefangspiel beschrieben (vgl. *Teil 2 – Gemeinsames Spiel: Beutefangspiele – Verschiedene Spielelemente fördern – Raufen und Treten*): So manche Katze lässt Raufspiele gerne einfließen, nachdem sie die Spielbeute erwischt hat. Dafür nimmt sie dann einfach das, was sich gerade anbietet: Mäuschen, Bälle, Kissen, während Sie geduldig abwarten, bis Sie das Beutefangspiel durch fliehende Beute erneut initiieren können.

Nun geht es darum, die Katze auf ein geeignetes Raufobjekt umzulenken, wenn sie im Begriff ist, sich auf ein ungeeignetes zu stürzen – wie z.B. die unwillige Mitkatze oder Ihre Hand. Oder dies gerade schon getan hat und ein adäquater Ersatz her muss, um Schaden zu verhindern und (weitere) Frustration durch Zurückweisung und ungestillte Bedürfnisse zu vermeiden. In der einfachsten Variante bieten Sie Ihrer Katze in diesem Moment schlicht ein Objekt an, das sie mit ein bisschen Fantasie für rauf-geeignet befinden könnte: Erneut Mäuschen, Bälle, Duftkissen, aber auch kleine Stofftiere, Filzschlangen, einen Waschlappen oder ein kurzes Stückchen dickes Seil. Natürlich legen Sie das nicht einfach nur hin, sondern bewegen es kurz anregend: Lassen Sie das Objekt die Rolle des Gejagten einnehmen. Dann kann Ihre Katze sich darauf stürzen und aus der „Interaktion" heraus das Ringen und Raufen beginnen. Das Objekt bleibt, nach der Startbewegung durch Sie, dabei passiv und die Katze hat den alleinigen aktiven Raufpart. Wenn Ihre Katze vom aktuellen Raufobjekt ablässt, können Sie durch erneutes Wegschliddern des gleichen oder eines anderen Spielzeugs ausprobieren, ob sie Lust auf eine zweite Runde hat.

Raufspiel II: der neue Raufkumpel

Wer ein echter Kämpfer ist, wird sich jedoch freuen, wenn die Gegenseite mitrauft. Und das können Sie Ihrer Katze durchaus anbieten. Dafür führen Sie einen „Raufkumpel" ein. Der Raufkumpel ist ein Stofftier, das größer ist als die üblichen Beutetiere, aber kleiner als Ihre Katze. Aus praktischen

Gründen würde ich eine Mindestlänge von ca. 20 cm vorschlagen, so dass Sie den Raufkumpel in der Nähe Ihrer Katze mit der Hand bewegen können, ohne ein allzu großes Risiko einzugehen, dabei aus Versehen verletzt zu werden. Als maximale Größe würde ich etwa die Hälfte oder zwei Drittel der Körpergröße Ihrer Katze veranschlagen. Denn auch bei Raufspielen mit Ihrer Katze müssen Sie wieder darauf achten, sie nicht unbeabsichtigt zu ängstigen. Ihre Katze wird jedoch zum einen wahrnehmen, dass Sie als Riese am Ende des Raufkumpels hängen, und das könnte seine potenzielle Gefährlichkeit erhöhen – er ist quasi zu zweit. Und auch wenn Sie versuchen, den Raufkumpel spielerisch agieren zu lassen, kann Ihnen dabei zum anderen doch leicht einmal ein kleines, etwas zu offensives Missgeschick unterlaufen. Dann ist ein kleinerer Raufkumpel dabei weniger bedrohlich als ein großer und die Chance steigt, dass Ihre Katze trotzdem beim Spiel dabeibleibt statt auszusteigen.

Kriterien für die Wahl eines Raufkumpels

- Stofftier in passender Größe
- gerne Katzenform (Katze, Tiger, Löwe)
- eher weich, so dass Sie ihn leicht in unterschiedliche Positionen bewegen können, aber auch nicht ganz schlaff
- Optimum: er sollte eine Kauerposition einnehmen können, da diese für die Interaktion mit Ihrer Katze im Spiel zentral ist (statt z.B. starr in sitzender Position zu verharren)
- keine losen Fäden oder verschluckbare Kleinteile – Sie könnten z.B. Knopfaugen entfernen und neue Aufsticken oder Aufmalen
- Ihre Katze findet ihn toll ☺

Alternativen zu Kuscheltieren als von Ihnen bewegten Raufpartnern:

- halbvolle Küchenrolle – großartig zum Zerfetzen!
- Kong Kickeroo o.Ä. – leicht zu bewegen, wenngleich weniger „echt" und ohne Beine

Phase 1

Für ein Spielangebot mit dem Raufkumpel wählen Sie bitte zunächst einen Gegenstand aus, der dem Raufkumpel und Ihrer Katze gleichermaßen als Tarnung dienen kann. Das könnte z.B. ein Spieltunnel oder ein Karton, aber auch eine Kratztonne mit miteinander verbundenen Höhlen sein. Nun nehmen Sie den Raufkumpel, bringen ihn in eine Tarnposition hinter dem Gegenstand und lassen ihn vorsichtig und etwas vorwitzig hervorlugen – in Richtung Ihrer Katze. Bei Sichtkontakt zuckt der Raufkumpel natürlich sofort zurück in seine Deckung. Sie merken: Es geht darum zu versuchen, mit dem Raufkumpel eine spielende Katze nachzuahmen. Allerdings nicht irgendeine, sondern eine sehr beherrschte, freundliche, kein bisschen übergriffige, sondern eher defensiv spielende, richtig nette Katze, die die Grenzen ihres Gegenübers jederzeit respektiert. Wie können Sie damit nun eine spielende Katze imitieren? Lassen Sie den Raufkumpel Ihre Katze anschauen und z.B. ...

- ❖ ... immer wieder hinter Ecken oder aus seinen Tarnpositionen hervorgucken.
- ❖ ... in einer vermeintlich getarnten Position mit dem Hintern wackeln.
- ❖ ... Ihrer Katze auf einige Entfernung „Breitseite" geben und dabei auf der Stelle senkrecht in die Höhe hüpfen.
- ❖ ... sich auf die Hinterbeine setzen ins Männchen und ungefährlich mit den Vorderbeinen in der Luft herumrühren.
- ❖ ... sich halb auf die Seite, halb auf den Rücken drehen („Bauch nach oben") und in Richtung Ihrer Katze pföteln oder sich so liegend ein wenig auf sie zu robben.

Zum Nachdenken / Ausprobieren: Ist Ihre Katze an einem bestimmten Ort in der Wohnung besonders empfänglich für Raufspielangebote? Gibt es eine bestimmte Art der Tarnung, die sie besonders gerne zwischen sich und den Raufkumpel bringt?

Zum Nachdenken / Ausprobieren: Hat Ihre Katze Spaß daran, interaktive Beutefangspiele mit Ihnen mit kurzen Raufeinlagen mit dem Kumpel abzuwechseln? Ist sie dafür besonders offen, wenn sie im Spiel stark erregt ist? Oder passt es für sie besser, wenn sie gerade im Zuge der wilden fünf Minuten wie eine Irre durch die Wohnung fegt?

Zum Nachdenken / Ausprobieren: Falls Ihre Katze immer wieder in bestimmten Situationen Ihre Hände oder Füße packt, als wären sie Raufkumpel, z.B. wenn Sie sich abends auf dem Sofa niederlassen – macht sie das weniger, wenn Sie ihr zuvor ein Raufspiel (oder auch ein Beutefangspiel) angeboten haben?

Zum Nachdenken / Ausprobieren: Falls Ihre Katze manchmal dazu neigt, ihren Unmut an Ihnen oder einer Mitkatze auszulassen – können Sie ihr in solchen Situationen vorausschauend den Raufkumpel als Blitzableiter anbieten?

Phase 2

Wenn Sie diesen sanften Einstieg eine Weile getestet haben, probieren Sie vorsichtig aus, ob Ihre Katze für etwas mehr Action zu haben ist. Aber bitte wirklich vorsichtig, denn Sie würden überrascht sein, wie empfindlich selbst hartgesottene Kämpfer manchmal reagieren können!

Etwas mehr Action könnte etwa bedeuten:

- Der Raufkumpel bewegt sich in geringerer Entfernung zur Katze – bitte nur, wenn Ihre Katze von allein bereits die Distanzen verkürzt hat.
- Er streckt seine Nase nun in Pfotenreichweite Ihrer Katze um die Ecke.
- Der Raufkumpel pfötelt um die Tarnung herum nach Ihrer Katze. Er könnte ihr auch sanft auf die Pfoten hauen, wenn sie nach ihm pfötelt oder um die Tarnung herumlangt.
- Er kann sich von hinten an Ihre lauernde Katze anschleichen und ihr sanft mit der Pfote an den Popo tippen oder nach ihrem Schwanz hangeln.

Wenn Ihre Katze den Raufkumpel an sich heranzieht, lassen Sie ihn ruhig zwischendurch los. Beim Packen und Treten sind Ihre Finger sonst in Gefahr. Sobald Ihre Katze innehält, können Sie am hinteren Ende des Kumpels kleine Bewegungen oder Fluchtversuche auslösen. Gelingt die Flucht, kann eine erneute Runde aus belauern, hervorschauen, Pfötelei und Überwältigung folgen.

Hat Ihre Katze den Raufkumpel schon häufig gepackt und getreten, können Sie etwas ganz besonderes ausprobieren: Beginnen Sie aus einer Rangelei heraus, mit einem Hinterbein des Raufkumpels sanft, aber in recht hohem Tempo über die Stirn Ihrer Katze zu streichen – bitte mit dem Strich, also von vorne in Richtung Nacken oder leicht seitlich. Damit imitieren Sie ein leichtes Treten des Kumpels. Beobachten Sie mal, wie Ihre Katze reagiert. Hält sie daraufhin kurz inne und lässt sich treten? Oder ringt sie ihn sofort wieder nieder? Achtung: Dabei bringen Sie Ihre Finger zwangsläufig in Reichweite von Zähnen und Krallen, die Ihre Katze vielleicht im nächsten Moment sehr enthusiastisch einsetzen wird …

Lassen Sie den Raufkumpel nach jedem (!) etwas intensiveren Kontakt wieder hinter der Tarnung in Deckung gehen. Damit verhält er sich defensiv und abwartend und Ihre Katze wird nicht überfordert. Geben Sie ihr die Möglichkeit, sich immer wieder neu für die Fortführung des Spiels zu entscheiden. Und respektieren Sie es, wenn sie das Spiel für heute beenden möchte (statt den Spielkumpel noch weitere Überzeugungsversuche machen zu lassen).

Nur vielleicht: Phase 3

Für vollkommen „schmerzbefreite" Kampfkatzen darf der Raufkumpel auch mal nach ausgiebigem Hinternwackeln knapp über den Kopf Ihrer Katze über diese hinwegspringen (dafür werfen Sie ihn – bitte gut zielen!) und sich so aus der Luft holen lassen. Und er darf mal ausprobieren, wie Ihre Katze reagiert, wenn der Raufkumpel sie in den Schwitzkasten nimmt, indem er ein Vorderbein über den Nacken legt und dabei seitlich in den Halsbereich „beißt" (also sein Kuscheltierköpfchen hineindrückt). Der ultimative Kampfspiel-Angriff: Nach sichtbarem Hinternwackeln springt der Raufkumpel nicht über ihre Katze hinweg, sondern von seitlich-hinten „sanft" auf ihren

Rücken bzw. in ihre Seite. Voraussetzung dafür sollte sein, dass Ihre Katze es offenkundig absolut vergnüglich findet, in den Schwitzkasten genommen und übersprungen zu werden.

> **Achtung:** Hat Ihre Katze wirklich Spaß am Spiel mit dem Raufkumpel?
>
> Dann wird sie freudig in seine Nähe kommen, wenn er sie abwartend aus einiger Entfernung zum Spielen einlädt und von alleine innerhalb einer Spieleinheit immer wieder aktiv die Initiative ergreifen.
>
> Ist das nicht der Fall, dann fahren Sie bitte zwei Gänge zurück und schauen, ob der Raufkumpel vielleicht doch etwas zu offensiv war. Oder probieren Sie ein anderes Kuscheltier aus, das vielleicht attraktiver aussieht, sich besser anfühlt oder angenehmer riecht.
>
> Löst auch das keinen Enthusiasmus aus? Dann ist das kein Beinbruch. Weisen Sie den Raufkumpeln einfach neue Aufgaben zu, etwa als Deko oder echtes Schmusetier (für ein Kind), und akzeptieren Sie, dass Ihre Katze keinen Raufkumpel braucht – zumindest keinen aus Stoff.

Spiel mit Freigängern

Freigänger, die sich um ein großes Revier kümmern müssen und / oder ausgiebig der Jagd frönen, zeigen sich im Alltag oft weniger verspielt als ihre Artgenossen in Wohnungshaltung. Manchmal ist einfach nicht mehr viel Energie übrig oder die Katze möchte die gemeinsame Zeit mit ihrem Menschen lieber für intensives Kuscheln nutzen.

Dennoch sollten auch die Halterinnen von Freigängern nicht automatisch davon ausgehen, dass ihre Katze niemals Wert auf Spiel legt. Wenn die Freigängerin aufgrund von schlechten Witterungsbedingungen oder z.B. allzu gefährlichen Nachbarkatzen mehr Zeit als sonst im Haus verbringt, könnte gemeinsames Spiel auch für sie ein willkommener Zeitvertreib sein.

Außerdem ergibt sich mit Freigängerkatzen eine ganz tolle Gelegenheit für gemeinsame Aktivität: Das Spiel draußen im Garten! Bewegen Sie ein Stöckchen mit winzigen Bewegungen ganz leise unter herumliegendem Laub. Lassen Sie Kirschkerne oder kleine Kiesel den Steinplattenweg entlangrollen oder einen langen Grashalm einen Baumstamm hinaufklettern. Natürlich dürfen Sie auch normale Spielangeln mit nach draußen nehmen. Diese sollten dann am besten wasserfest und abwaschbar oder mit leicht ersetzbarer Spielbeute ausgestattet sein. Hochgewachsenes Gras, Stauden und Büsche bieten Ihrer Katze beste Tarnmöglichkeiten und gerade weiche Erde lädt zu ausgelassenen Sprüngen und Buddeleskapaden ein. So manche Katze kommt beim Spiel mit ihrem Menschen draußen wesentlich begeisterter in Wallung als drinnen.

Und für einige Katzen werden draußen auch erst gemeinsame Renn- und Verfolgungsspiele möglich. Die Weite gibt ihnen ausreichend Sicherheit, um sich auf diese sehr aufregende Spielart einzustellen. Und außerdem finden sich hier oft überhaupt erst Rennstrecken, auf denen eine richtige Beschleunigung aus Katzensicht möglich und lohnenswert ist. Es ist wirklich erstaunlich mit anzusehen, wie schnell eine Katze ans andere Ende des Gartens fliegen kann!

Das gemeinsame Spiel mit einer Freigängerkatze ist vielleicht nicht unbedingt nötig, um sie auszulasten und zufriedenzustellen. Aber es ist eine Möglichkeit, über gemeinsames Vergnügen die Beziehung zu intensivieren und die Bindung zu vertiefen.

Besondere interaktive Spielarten

Besondere interaktive Spielarten

Falls Verfolgungs- und Raufspiele nichts für Sie und Ihre Katze sind, müssen Sie beide dennoch nicht immer nur Beutefangspiele im klassischen Sinne spielen. In diesem Kapitel finden Sie Anregungen für zusätzliche Variationen – viel Spaß beim Testen!

Laserpointer / LED

Am Einsatz von Laserpointern oder den neueren LED-Lichtpunktspielzeugen scheiden sich Katzen- und Menschengeister. Wenn Ihre Katze Lichtpunkte ohnehin langweilig findet, müssen Sie sich darüber keine weiteren Gedanken machen. Zeigt sie hingegen Interesse an solchen Spielzeugen oder reagiert sie z.B. aufmerksam auf Lichtreflexe, die im Alltag entstehen, könnte sie durchaus Spaß an dieser speziellen Spielart haben.

Das große Problem an Spielen mit Lichtpunkten besteht darin, dass die Katze einem Phantom hinterherjagt. Sie kann das Licht niemals fangen. Setzt sie ihre Pfoten auf den Punkt, greift sie ins Leere. Das ist verwirrend und potenziell recht frustrierend. Bei einigen Katzen führt diese Frustration schlicht dazu, dass sie dauerhaft das Interesse an diesem Spiel verlieren. Das ist eigentlich die vernünftige Reaktion und sachlich betrachtet auch unproblematisch. Warum Energie auf etwas verschwenden, das sich nicht fangen lässt?

Schwieriger wird es, wenn eine Katze immer wieder aufs Neue versucht, den Laserpunkt zu fangen, und gleichzeitig dazu neigt, Frustrationen an ihren Sozialpartnern auszulassen, indem sie z.B. kurze Attacken auf ihre Menschen oder Mitkatzen fährt. Beobachten Sie ein solches Verhalten bei Ihrer Katze, sollten Sie die Strategie im Umgang mit dem Lichtspiel überdenken und den unten beschriebenen Anregungen folgen.

Für Hunde wurde berichtet, dass in einzelnen Fällen intensives Spielen mit einem Laserpointer zu einer zwanghaften Verhaltensstörung führte, bei der die betroffenen Hunde nicht aufhören konnten, auf verschiedenste Lichtreflexe bzw. Schatten zu reagieren. Für Katzen ist so etwas nicht dokumentiert. Neigt Ihre Katze jedoch ohnehin zu starken Reaktionen auf Zufallslichtpunkte durch Spiegelungen, sollten Sie Lichtspiele nur sehr sorgsam und dosiert einsetzen und gut beobachten, ob sich etwas an der Intensität des Spielverhaltens und der Reaktionen im Alltag verändert.

Sehen Sie bitte lieber von diesen Spielen ab, wenn Ihre Katze …

🐾 … Ihnen ohnehin „hyperaktiv" erscheint.

🐾 … unter einer diagnostizierten Hyperaktivität leidet.

🐾 … stark erregbar ist.

🐾 … nach einem solchen Spiel mehrere Minuten lang weiter nach dem verschwundenen Licht sucht.

> **Achtung:** Lassen Sie den Laserstrahl nie auf die Augen Ihrer Katze treffen. Dies kann zu bleibenden gesundheitlichen Schäden führen!

Trotz dieser Warnungen besteht keine Notwendigkeit, Spiele mit Laserpunkten oder LED komplett zu verteufeln. Viele Katzen geraten dabei in Verzückung, und für einige sonst nur schwer oder mäßig bespielbare Katzen kann ihr Einsatz den Durchbruch herbeiführen. Bitte setzen Sie Lichtspiele aber sorgsam ein, …

🐾 … als ein Spielelement von mehreren.

🐾 … gefolgt von packbarer Beute oder

🐾 … gefolgt von Futter – z.B. verbunden mit einem Futterwurfspiel oder „notfalls" aus dem Napf

Bewegen Sie auch einen Lichtpunkt wie echte Beute, z.B. an Teppichrändern entlang, um einen Türrahmen oder hinter einem Möbelstück verschwindend, wenn er nicht gerade den Flur hinunterflieht.

Wasserspiele

Dafür, dass Katzen gemeinhin als wasserscheu gelten, finden verblüffend viele von ihnen Spiele spannend, die etwas mit Wasser zu tun haben. Dabei werden sie normalerweise auch nicht mit Wasser bespritzt – das könnte der entscheidende Unterschied sein. Wasserspiele können eher als Solitärspiele

Wasserspiele

für die Katze „arrangiert" werden oder auch als interaktives Spiel zwischen Ihnen und ihr. Da es theoretisch – je nach Aufbau – mal zu kleinen Überschwemmungsunfällen kommen könnte, ist eine Beaufsichtigung der Katze empfehlenswert, wenn Sie das Spiel nicht ohnehin auf sicherem Untergrund stattfinden lassen.

Benutzen Sie am besten schwere und standfeste Behälter, die auch bei intensiveren Berührungen der Katze, z.B. beim Aufstützen mit beiden Vorderpfoten am Rand, nicht gleich umfallen. Günstig sind für viele Spiele eher flache Behälter mit weiten Öffnungen, in die Ihre Katze bequem hineinpföteln kann. Eine hohe Glasvase, in die eine Pfote nur mit einiger Verrenkung oder von einem daneben gestellten Stuhl aus erreicht werden kann, stellt eine spannende Variation dar. Viele Katzen finden Gefallen daran, auf Höhe der Wasseroberfläche oder leicht erhöht in Lauerstellung zu gehen. Hintergrund ist sicherlich die echte Fischjagd, bei der die Katze ebenfalls leicht erhöht am Rand des Gewässers oder vielleicht auf einem großen Stein sitzen würde, der aus dem Wasser ragt.

Niedrig befüllte Bade- und Duschwannen können ebenfalls tolle Wasserabenteuerspielplätze werden – für diejenigen Katzen, die kein Problem damit haben, sich die Pfötchen nass zu machen. Wannen sind nicht plan, sondern abschüssig, so dass es an den Rändern immer flachere Bereiche gibt, an denen vielleicht die Hinterpfötchen noch trocken bleiben können.

Gerade für Bade- und Duschwannen oder auch Spiele in Waschbecken können Sie lauwarmes Wasser einlassen. Das ist für ihre Katze sicherlich angenehmer als eiskaltes Wasser, wenn sie die Pfötchen und vielleicht sogar deutlich mehr als nur die Pfötchen eintaucht.

Vorsicht ist geboten mit Wasserspielen in einer richtig gefüllten Badewanne, in der Sie selber gerade sitzen. Rutscht Ihre Katze dann mal aus Versehen tiefer ins Wasser, als ihr angenehm ist, könnte sie panisch aus der Wanne fliehen und Sie beim Abspringen oder beim Versuch, sich an Ihnen festzuhalten, mit ihren Krallen verletzen.

> **Achtung:** Bei Wasserspielen in Bade- und Duschwanne oder Wasch- bzw. Spülbecken achten Sie bitte gut darauf, dass keine Rückstände von Badezusätzen, Reinigungsmitteln o.Ä. vorhanden sind.

Besondere interaktive Spielarten

Um die Aufmerksamkeit Ihrer Katze auf ein Wasserspiel zu lenken, ist es günstig, dafür ein frisches, Neugier erweckendes Setting zu schaffen. Nehmen Sie also lieber ein neues Gefäß oder rücken Sie den gewohnten Wassernapf an eine andere Stelle, um dort Action stattfinden zu lassen, und räumen ihn anschließend wieder an seinen normalen Standort.

Und denken Sie wieder daran: Wenn Sie Ihre Katze dazu animieren, ein paar Minuten interessiert zu beobachten und zu lauern, dann waren Sie erfolgreich! Es macht nichts, wenn Ihre Katze kein einziges Pfötchen ins Wasser strecken mag. Die wenigsten Katzen wären draußen Fischfangprofis. Dennoch würden sie bei Gelegenheit vielleicht gerne immer mal Zeit an einem Gewässer verbringen und Wasserflöhe, Kaulquappen und Fische studieren.

Auf dem Wasser

Auf der Wasseroberfläche können Sie verschiedene Wassertiere schwimmen lassen, z.B. Tischtennisbälle, kleine Plastikkügelchen, Blätter, Grashalme oder Eisstiele. Tendenziell aber lieber nur eines zur Zeit und pro Spieleinheit, so dass Sie für weitere Wasserspielchen Variationsmöglichkeiten aufbewahren.

Sie können auch kleine „Boote" mit echter Beute bestückt zu Wasser lassen: z.B. kleine Plastikdeckelchen, in denen bzw. auf denen je ein Futterstückchen liegt. Ihre Katze muss dann üben und lernen, wie sie das am besten von dem wackeligen Untergrund ergattert.

Unter Wasser

Lichtreflexe auf bzw. unter der Wasseroberfläche können einen attraktiven Reiz darstellen. Versenken Sie einzelne farbige Glassteine vor den Augen Ihrer Katze im Wasser, indem Sie sie an der Wasseroberfläche loslassen und auf den Boden gleiten lassen. Oder lenken Sie einen Lichtstrahl auf das Wasser, an dessen Boden Sie gläserne oder glänzende Objekte ausgelegt haben.

In der Badewanne ist der Stöpsel im Abfluss immer wieder ein faszinierendes Objekt, das man toll bepföteln und manchmal sogar erfolgreich bewegen kann. In einer flachen Schale können Sie die verschiedensten Dinge auf dem Grund platzieren, z.B. einen Stein oder den Futternapf Ihrer Katze. Wie reagiert sie darauf, wenn sie Ihren Napf unter Wasser entdeckt? Vielleicht mit ein paar Murmeln darin?

Tipp: Vorsicht mit dem Hineinwerfen von Gegenständen ins Wasser: Die meisten Katzen finden Spritzer unangenehm und räumen dann das Feld.

Sie können auch einen wasserfesten Spielstab unter Wasser bewegen und ausprobieren, was Ihre Katze dazu sagt.

Spannend sind kleine Roboterfischchen, die eigenständig unter der Wasseroberfläche herumschwimmen. Bitte achten Sie beim Kauf solcher Produkte darauf, dass diese eine stärkere Berührung durch eine Katzenpfote aushalten. Sichern Sie außerdem den Bereich um den Spielbehälter mit einer weichen Unterlage, so dass die oftmals aus Plastik bestehenden Spielzeuge nicht auf dem harten Boden kaputtgehen, wenn Ihre Katze erfolgreich fischt.

In hohen Gefäßen können Sie nacheinander mehrere kleine Kügelchen zu Boden sinken lassen, deren Weg Ihre Katze sicherlich interessiert beobachten wird, auch wenn sie vielleicht nicht bis an den Grund reichen kann, um sie wieder hervorzuholen. Es gibt auch weitere Unterwasserroboterspielzeuge, die in tieferen „Gewässern" auf- und absteigen, drehende Bewegungen machen und teilweise sogar blinken. Tolle Beobachtungsobjekte!

Für waghalsige Katze, die Laserpointer lieben und ebenso waghalsige Frauchen und Herrchen haben: Was passiert, wenn Sie den Laserstrahl in eine Wasserschale oder in eine ca. 5 cm mit lauwarmen Wasser gefüllte Wanne lenken? Achtung, dabei könnte es zu kleineren Überschwemmungen kommen.

> Es ist normalerweise nicht nötig, die Katze abzutrocknen, wenn sie sich beim Spielen nasse Pfoten (oder mehr) holt. Ihre Katze wird sich anschließend in überraschend kurzer Zeit wieder trocken geputzt haben. Bei schlecht trinkenden Katzen kann das ein angenehmer Weg sein, die Katze zu vermehrter Wasseraufnahme zu verführen.

Wasser auf Wasser

Stecken Sie in einem Waschbecken oder der Wanne den Stöpsel ein und lassen Sie den Wasserhahn tropfen oder in einem ganz feinen Rinnsal fließen. So entstehen plätschernde Geräusche und die Wassermenge ist so gering, dass auch wasserscheue Katzen oftmals mutig werden.

Besondere interaktive Spielarten

Wenn Sie etwas Zeit haben, können Sie auch höchst selbst für Ihre Katze ein Wasserschauspiel veranstalten: Füllen Sie ein großes Gefäß so mit Wasser, dass es noch Nachfüllspielraum gibt. Nun tropfen Sie aus größerer Höhe Wasser auf die Wasseroberfläche. Dabei entstehen ploppende Geräusche und vor allem tolle kleine Wellenbewegungen im Wasser. Experimentieren Sie mit der Tropfhöhe und beobachten Sie, was Ihrer Katze am besten gefällt.

Alternativ können Sie einen dünnen Wasserstrahl ins Wasser gleiten lassen, ebenfalls aus variierender Höhe. Dabei entstehen stärkere Strudel an der Wasseroberfläche und das Geräusch verändert sich.

Für feine Dosierungen können Sie für diese Spielchen z.B. größere Plastikpipetten benutzen, aber auch die speziellen Sporttrinkverschlüsse sind für eine kontrollierte Wasserausgabe recht gut geeignet. „Notfalls" nehmen Sie einfach eine ganz normale Wasserflasche und lassen es daraus tropfen und fließen.

Eine mögliche Variation: Mischen Sie Ihr „Tropfwasser" minimal mit Lebensmittelfarbe an, so dass es z.B. blau oder rot wird – Hauptsache dunkel, so dass es im klaren Wasser gut sichtbar wird. Wenn Sie davon tropfenweise in das Wassergefäß fallen lassen, kann Ihre Katze den Weg des gefärbten Wassers unter Wasser beobachten. In dieser geringen Dosierung sollten dabei keine gesundheitlichen Risiken entstehen.

Tierheilpraktikerin und -ernährungsexpertin Julia Tinnemann zum Einsatz von Kleinstmengen von Lebensmittelfarben für Katzen:

„Lebensmittelfarbe dürfte unbedenklich sein, da sie leider an Tieren getestet wird. Es gibt vorgeschriebene Höchstdosierungen, die keine nachweislichen Schäden bei Tieren verursacht haben, die ihr Leben lang diese Farbstoffe zugeführt bekommen haben.

Wenn man 100% auf Nummer sicher gehen will, empfehle ich natürliche Lebensmittelfarbstoffe wie Carotin (E160a), Chlorophyll (E140), Betanin (E162 von roter Bete) oder Curcumin (E100).

Man sollte allerdings bedenken, dass die Lebensmittelfarbstoffe auch das Fell einfärben können!"

Sommer und Winter

Wenn Sie sich bei heißen Temperaturen einen Eiswürfel ins Getränk tun, wäre das eine gute Gelegenheit für kleine Eiswürfelspielexperimente mit Ihrer Katze: Wie findet sie Eiswürfel, die in einer Schale herumschwimmen? Pfötelt sie an einem Eiswürfel, der auf den Fliesen liegt und dort spaßige Schliddereigenschaften entwickelt, wenn sie ihn ein wenig anstupst? Auch ein eingefärbter Eiswürfel kann schmelzend im Wasser spannende Spuren ziehen ...

Während manche Freigängerkatzen völlig empört scheinen, wenn draußen alles mit Schnee bedeckt ist, veranstalten andere komplett gaga wilde Schneetänze. Was heißt das für Sie und Ihre Wohnungskatze beim nächsten Schneefall? – Nein, Sie müssen keine Schneeberge in Ihrem Wohnzimmer aufschütten. Aber wie wäre es, mit einem Schneehäufchen auf dem gekachelten Küchen- oder Badezimmerboden? Oder in der Badewanne? Oder auf dem Balkon? Sobald Sie irgendwo ein kleines Schneehäufchen oder eine kleine Schneefläche haben, können Sie nun Mini-Schneebälle hineinwerfen (oder andere kleine Gegenstände), die dann vor den Augen Ihrer Katze im Schnee versinken. Oder wie wäre es mit einem Stocherspiel unter dem Schnee?

Die Minimalvariante wäre es, wenn Sie Ihrer Katze einen Schneeball mitbringen. Denken Sie dabei direkt wieder an die typische Beutetiergröße – unsere Menschenschneebälle sind leicht etwas größer, als der Katze geheuer ist. Ein kleiner, fester Schneeball von ca. 3-4 cm Durchmesser hat gute Chancen, kurzzeitig durch die Wohnung gekickt zu werden. Einen weichen Schneeball könnte die Katze beim Auseinanderfallen und Schmelzen beobachten und vielleicht bepföteln.

Wasserspritzer als Strafe? Dies ist ein Buch über Spiel- und Beschäftigungsmöglichkeiten mit der Katze und keines über Erziehung. Dennoch möchte ich an dieser Stelle kurz warnen und Sie darauf hinweisen, dass der Einsatz von Sprühflaschen und Wasserpistolen nicht viel mit modernen Katzenerziehungsmethoden zu tun hat. Sie werden dadurch selten erzielen, dass Ihre Katze das unerwünschte Verhalten dauerhaft unterlässt. Gleichzeitig gefährden Sie jedoch das Vertrauen Ihrer Katze zu Ihnen und damit Ihre Beziehung.

Interaktive Futterspiele

Vor allem Futterspiele in Form von Fummelbrettern (vgl. T*eil 2 – Hilfe zur „Selbstbeschäftigung" – Fummeleien*) sind in den vergangenen Jahren recht populär geworden – zur Freude vieler Katzen. In diesem Kapitel geht es um Möglichkeiten, Futter zum gemeinsamen interaktiven Spiel mit der Katze einzusetzen.

Futter werfen

Wenn Ihre Katze gerne frisst, wird sie diese Art zu spielen wahrscheinlich lieben. Nehmen Sie dafür einzelne Futterstückchen und werfen Sie diese so, dass Ihre Katze hinterherjagen kann: Quer durch den Raum, unter das Sofa, auf den Tisch, durch den Flur ins nächste Zimmer, Treppe runter in den Keller, mitten rein in einen Haufen Tischtennisbälle usw. Der besondere Clou bei den Futterwurfspielen ist, dass die Katze ihre Spielbeute wirklich fressen kann. Die Jagd des Bröckchens endet also biologisch zufriedenstellend mit dem Konsum der Beute.

Probieren Sie aus, welche Arten von Futterjagd Ihre Katze besonders spannend findet: In niedriger Flugbahn geworfen? Mit leichten Klack-Geräuschen über den harten Boden schlidderd? So über ihren Kopf geworfen, dass sie es aus der Luft fangen kann wie ein Insekt? Kurze Strecken oder weite Strecken? Je nach Wurf-Technik und Landeplatz der Futterbeute animieren Sie Ihre Katze so zu verschiedenen Jagdelementen wie z.B. Hetzen, Springen, Fangen, Hangeln.

Dieses Spiel lässt sich recht gut mit mehreren Katzen gleichzeitig spielen. „Schicken" Sie Ihre Katzen in diesem Fall durch das Werfen der Bröckchen in unterschiedliche Richtungen, so dass es keine Konkurrenz um ein bestimmtes Futterstück gibt. Beginnen Sie mit der gierigsten Katze und werfen Sie für die nächste, sobald die Gierige unterwegs ist. Sobald eine Katze aufgegessen hat und sich Ihnen zuwendet, bekommt sie das nächste Stückchen geworfen – bevor sie auf die Idee kommt, einer Mitkatze, die gerade noch darüber nachdenkt, ob sie das Bröckchen von links oder von rechts futtern soll, die Beute zu klauen. Bei großen Geschwindigkeitsunterschieden zwischen Katzen ist es natürlich auch erlaubt, einer Katze nacheinander zwei oder mehr Stückchen zu werfen, während die andere noch beschäftigt ist.

Am besten geeignet für diese Art des Spiels ist natürlich trockenes Futter. Mag Ihre Katze kein Trockenfutter oder scheidet es aus gesundheitlichen Gründen aus, kann gekochtes Fleisch u.U. eine Alternative darstellen. Kleine Würfel von gekochtem und abgekühltem Muskelfleisch sind meist an der Außenseite vergleichsweise trocken. Vielleicht kommt damit ein Wurfspiel auf hartem Untergrund infrage, bevor Sie diesen ohnehin feudeln?

> Ist Futterwerfen aktuell das einzige Spiel, auf das Ihre Katze sich einlässt? Dann seien Sie nicht enttäuscht, sondern freuen Sie sich. Es ist ein wirklich tolles interaktives Jagdspiel, gegen das es nichts einzuwenden gibt!

Spielbeute, die Futter verspricht?

Ihre Katze ist ausgesprochen futtermotiviert und vielleicht sogar begeisterte Fummlerin oder Futterbröckchen-Meisterjägerin? Aber alle anderen Spielzeuge lassen sie völlig kalt? Dann lohnt sich vielleicht der Versuch, Spielzeuge zu kreieren, die in Ihrer Katze eine Futterassoziation wecken – durch fressbares Spielzeug, aber auch durch Futterduft bzw. „Beuteduft" oder „Futtergeräusche".

Fressbares Spielzeug an der Spielangel

Mit ein bisschen Kreativität – und u.U. der Bereitschaft, anschließend zu putzen – lassen sich einige Futterarten als mögliche Spielbeute benutzen, die man an das Ende einer Spielangel binden kann. Hier einige Ideen:

- 🐾 Suchen Sie ein Trockenfutter aus ringförmigen Kroketten und knoten diese jeweils einzeln an eine Angelschnur. Achtung: Das ist nicht geeignet für Katzen, die Kroketten grundsätzlich ungekaut sofort herunterschlucken.

- 🐾 Schneiden Sie eine Leckerlistange in zwei bis drei Zentimeter lange Stücke und knoten Sie die Schnur darum. Vorsicht: Wenn Sie den Knoten zu fest ziehen, durchtrennt die Schnur die Leckerlistange. Gut geeignet hierfür sind breitere Bänder.

Besondere interaktive Spielarten

- ❀ Nehmen Sie einen etwas breiteren Streifen Trockenfleisch und stanzen Sie ein Loch hinein (z.B. mit einem Gürtellocher oder einem spitzen Gegenstand). Nun können Sie die Schnur durch das Loch ziehen und befestigen – fertig ist die Spielangel.
- ❀ Binden Sie die Schnur um ein Stückchen rohes oder gekochtes Fleisch in Gulaschgröße (kein rohes Schwein!).
- ❀ Füllen Sie ein Futterstück in einen kleinen (!) Gitterball aus Kunststoff oder Draht und befestigen Sie den Gitterball an der Angelschnur.

Beim Thema „fressbares Spielzeug" ist der Gedanke an echte, lebende Beute womöglich naheliegend. Auch wenn Ihre Katze sich u.U. sehr darüber freuen würde: Das Töten von Lebewesen zum Zwecke der Bespaßung eines anderen Lebewesens ist glücklicherweise tierschutzrechtlich verboten.

Fressbar riechendes Spielzeug

„Beuteduft" heißt, dass sich am Spielzeug der Geruch echter Tiere befindet. Dies wäre zum Beispiel bei Federn der Fall, die Sie im Wald oder im Park auflesen. Wenngleich Kühe, Schafe und andere Huftiere nicht wirklich ins Beutespektrum der Katze passen, finden viele Katzen deren Gerüche durchaus spannend. Wie wäre es also mit einer Fellprobe, die Sie mit den Fingern zu einer kleinen Wurst filzen und an eine Spielangel binden?

Futterduft können Sie mit etwas weniger Aufwand an einem Spielzeug anbringen, etwa indem Sie eine Spielmaus oder eine Spielzeugfeder in Trockenfutter oder Leckerchen baden oder schlicht eine Nacht in der Futtertüte schlafen lassen. Alternativ könnten Sie kleine Beutelchen (z.B. Gaze, Baumwolle, Häkelsäckchen – je nach Grobheit Ihrer Katze) mit einigen Futterstückchen füllen, verschließen und als Beute an die Spielangel hängen. Ebenfalls geeignet dafür wären kleine füllbare Spielzeuge, die eigentlich für Baldrian oder Katzenminze konzipiert wurden. Diese haben meist Klettverschlüsse, hinter denen auch Futter gut und sicher verstaut werden könnte. Schließlich könnten Sie beim Hundezubehör in der Dummy-Abteilung stöbern. Dort findet man manchmal Mini-Dummys, die vielleicht gerade eben noch klein genug sind, um nicht als gefährliche Beute zu gelten.

Interaktive Futterspiele

> Wenn Sie Spielzeuge mit Futterduft versehen bzw. mit Futter spicken, achten Sie bitte besonders sorgfältig darauf, dass Ihre Katze keine Teile des Spielzeugs verschluckt. Lassen Sie Ihre Katze mit diesen selbstgebastelten Spielanhängern nie alleine.

Fressbar klingendes Spielzeug

Diese Überschrift ist nicht ganz ernst gemeint, denn es geht hier nicht um Spielzeug, das nach Maus oder Vogel oder einem anderen echten Beutetier klingt. Sondern um solches, das klingt wie die Ankündigung von Futter, das Ihre Katze gerne mag. Reagiert Ihre Katze auf bestimmte Raschelgeräusche oder das Klötern von Futterstückchen in der Verpackung? Dann basteln Sie einen Spielangelanhänger, der ähnlich klingt. Wenn Sie dafür einen winzigen Karton (z.B. eine Mini-Smarties-Packung) benutzen, in den Sie einzelne Bröckchen füllen, könnte Ihre Katze diese sogar nach dem Fangen aufpföteln oder den Karton zerfetzen und die Beute verspeisen – je nach Vorliebe.

> Falls Sie mit Ihrer Katze regelmäßig Futterspiele machen, sei es in Verbindung mit gemeinsamen Spiel oder als Anregung für solitäre Beschäftigung, versuchen Sie bitte, dafür möglichst gesundes Futter zu benutzen. Viele Katzen freuen sich, wenn man ihr normales Futter aufregend „verpackt" und bestehen gar nicht darauf, dass es immer Leckerchen sein müssen. Diese sind häufig unausgewogen und sehr kalorienreich. Vereinzelt schadet das sicher nicht, aber Sie tun Ihrer Katze einen Gefallen, wenn Sie sie nicht übergewichtig füttern. Bitte rechnen Sie aus diesem Grunde auch die „verspielten" Futterportionen in die Tagesration mit ein und passen ggf. die Futtermenge bei den Hauptmahlzeiten an. Es spricht übrigens auch gar nichts dagegen, ganze Hauptmahlzeiten spielerisch erarbeiten zu lassen.

Exkurs: Clickertraining / Tricktraining

Tricktraining mit der Katze ist zwar eine gemeinsame Beschäftigung von Mensch und Katze, aber es ist recht weit entfernt von freiem Spiel, wenngleich es unbedingt einen spielerischen Charakter haben sollte. Wenn Sie gemeinsam mit Ihrer Katze kleine Kunststücke wie Sprünge durch Reifen oder ein High Five mit Pfötchen in Ihre Hand einstudieren oder für praktische Anlässe Transportkorb- oder Tierarzttraining machen, dann erfordert das von Ihrer Katze ja besondere Konzentrationsbereitschaft. Sie kann eben nicht einfach kreativ und wild herumspielen, sondern „muss" mit Bedacht bestimmte Verhaltensweisen zeigen und sich an die „Regeln" halten, die für den jeweiligen Trick bzw. das jeweilige Trainingsziel gelten. Wenn wir noch einmal die Unterscheidung von Play und Game heranziehen, dann handelt es sich beim Tricktraining definitiv um ein Game, bei dem vornehmlich wir und nicht die Katze die Regeln gestalten. Die Katze wird dann freudig mitmachen, wenn die von uns gesetzten Regeln für sie zu einem angenehmen und schönen Game-Erlebnis führen.

Die Grundprinzipien dieser Trainingsform sind letztlich einfach, aber würden den Rahmen des vorliegenden Buches sprengen. Im unten stehenden Kasten finden Sie deshalb Literaturtipps für den Einstieg ins Clickertraining. Wenn Sie mit Ihrer Katze clickern möchten, lohnt es sich, dass Sie selbst zunächst einiges darüber lernen, bevor Sie gemeinsam mit Ihrer Katze weiterlernen. Halten Sie dafür auch Ausschau nach entsprechenden Seminarangeboten.

Um Ihnen darauf ein wenig Lust zu machen und mögliche Skepsis direkt auszuräumen, hier einige ausgewählte Hinweise zum Clickertraining / Tricktraining:

- Futterbelohnungen sind einfach in der Handhabung, aber keinesfalls die einzigen möglichen Belohnungen nach einem Click – Clickertraining ist auch mit nicht futtermotivierten Katzen möglich.
- Clickertraining mit Katzen ist nicht tagfüllend: wenige Minuten am Tag sind ausreichend und oft für beide Beteiligten ein großer Gewinn.
- Gut gemachtes Clickertraining versetzt Katzen in positive Aufregung.
- Bei gut gestaltetem Clickertraining werden im Körper der Katze Glückshormone ausgeschüttet.

Interaktive Futterspiele

- Es gibt spezielle Übungen, die die Kreativität eines Tieres fördern (Stichwort: 101-Dinge-Übung).
- Die Variante Shaping, auch „Formen" von Verhalten genannt, begünstigt Erkundungsverhalten und Eigeninitiative.
- Shaping fordert Katzen vor allem auch mental, ein neuer Trick ist wie ein Rätsel: „Was muss ich heute tun, um mir mit diesem Gegenstand Click und Belohnung zu verdienen? Soll ich was mit meiner Pfote machen? Mit der Nase? Mich darauf setzen?" – natürlich gestalten Sie diese Rätsel gut lösbar! Shaping ist also Denksport.
- Die Erfolgserlebnisse in Form von Click und nachfolgender Belohnung stärken das Selbstbewusstsein und das Gefühl von Selbstwirksamkeit der Katze.

Literaturtipps Clickertraining / Tricktraining

Hauschild, Christine: Trickschule für Katzen. Cadmos, 2010.

Laser, Birgit: Clickertraining – mehr als Spaß für Katzen. Drehpunkt-Verlag, 2010. DVD.

Pryor, Karen: Positiv bestärken – sanft erziehen. Kosmos, 2006, 2. Aufl.

Rödder, Birgit: Die Katzen-Clickerbox. GU, 2013.

Wendt, Marlitt: Mit dem Click zum Katzenglück. Cadmos, 2013.

Hilfe zur „Selbstbeschäftigung"

Hilfe zur „Selbstbeschäftigung"

Wenn wir als Halterinnen Glück haben, spielt unsere Katze auch ganz vergnügt alleine vor sich hin. Leider ist das bei erwachsenen Katzen nicht selbstverständlich. Die Hauptgründe dafür liegen darin, dass Katzen enorme Fantasie aufbringen müssen, um so zu tun, als ob so ein olles Bällchen oder Mäuschen, das seit Tagen pseudo-tot auf dem Teppich herumliegt, spannende Beute darstellt. Und dass viele Katzen in ihrem Alltagsleben zu angespannt sind, um sich auf so albernes Zeug einzulassen – es ist leider nicht viel Anspannung nötig, um Spielverhalten zu hemmen.

Auf den folgenden Seiten erfahren Sie, womit Sie eine gewisse Chance haben, das Solitärspiel Ihrer Katze erfolgreich zu fördern.

Solitärspiel spannend machen

Bieten Sie Ihrer Katze, wenn sie offenbar gerade wach und unternehmungslustig ist, eine neue Tarnung an. Legen Sie z.B. den alten Spieltunnel an eine neue Position. Variieren Sie die gewählten Tarnangebote von Tag zu Tag. Sie können diese auch frühzeitiger platzieren, so dass Ihre Katze sie vorfindet, wenn sie wach wird.

Nun drapieren Sie potenzielle Spielbeute in Beutetier-Tarnmanier z.B.

- unter der Teppichkante
- direkt an ein Tisch- oder Stuhlbein
- seitlich an den vorderen Rand eines Tunnels
- unter die Lasche eines Pappkartons
- halb unter einen bodenlangen Vorhang
- in einer leeren Küchen- oder Klopapierrolle

Wenn Sie die Klo- oder Küchenpapierrolle nicht vollständig aufgebraucht anbieten, sondern mit Blättern dran, könnte ein darin verstecktes Spielzeug Ihre Katze sogar zu einem eigenständigen Rauf- und Zerfetzspiel mit der Rolle einladen. Das Einduften von Spielzeugen mit Katzenminze oder Baldrian könnte ebenfalls dazu führen, dass Ihre Katze es intensiv „bearbeitet"

– und lenkt außerdem die Aufmerksamkeit Ihrer Katze eher zum Versteck desselben. Wenn Sie andere Gerüche kennen, die Ihre Katze gerne mag, bringen Sie diese gern am getarnten Spielzeug an.

Einige Katzen brauchen „nur" kleine Ankurbler, um sich dann für ein paar Minuten mit einem Spielzeug allein zu beschäftigen. Gehört Ihre dazu, können Sie sie im Solitärspiel unterstützen, indem Sie ihr unregelmäßig in einer Actionphase ein Spielzeug spannend werfen, so dass es höchst lebendig vor ihr flieht. Sobald Sie bemerken, dass ihr Interesse oder ihre Spielintensität nachlässt, werfen Sie dieses oder ein „frisches" Spielzeug erneut.

Andere, vor allem sehr spielambitionierte Katzen sind mit verschiedenen Kugelbahnen zu begeistern, in denen eine Kugel zwar zu bepföteln, aber nicht herauszuholen ist. Stupst die Katze die Kugel an, flieht sie innerhalb der Bahn, aber kommt nicht weg. Durch den Schwung fährt sie immer wieder an der Katze vorbei, so dass wiederholte Bewegungsreize entstehen. Es gibt diese Bahnen inzwischen in unterschiedlichen Formen und Variationen, teils auch mit Kugeln, die bei Berührung zu blinken beginnen.

Ein Tischtennisball in der leeren Badewanne hat einen ähnlichen Effekt. Die Katze kann ihn immer wieder in die Flucht schlagen, die ihm aber nicht gelingen will. Achtung: Badewannen sind rutschig und Ihre Katze könnte sich beim ausgelassenen Spiel darin verletzen.

Wie auch für interaktives Spiel gilt für Solitärspiel: Unbekannte und überraschende Beutetiere sind spannender als altbekannte, die die Katze schon 12.000 Mal getötet hat. Es sei denn, Ihre Katze hat ein über alles geliebtes Mäuschen, auf das sie nichts kommen lässt und neben dem alle anderen Spielzeuge verblassen. In diesem Fall nehmen Sie natürlich dieses Supermäuschen und verstecken es so, dass Ihre Katze es immer wieder neu entdecken kann.

Oftmals sind Katzen offener für eine kleine Solitärspieleinlage, wenn sie gerade im Erkundungsmodus sind. Im nächsten Abschnitt gibt es Anregungen, wie Sie versuchen können, diesen Modus herbeizuführen.

Erkundungsverhalten

Die Erkundung von etwas Neuem als Beschäftigung von Wohnungskatzen wird bislang viel zu wenig wahrgenommen und völlig unterschätzt. Dabei handelt es sich um ein Verhalten, das rundum schön ist: Es ist verbunden mit dem Verspüren von Neugier und positiver Aufregung, vielleicht manchmal auch mit einem kleinen Gruselfaktor versehen. Die Katze setzt sich dabei mit Ihrer Umwelt wach und aktiv auseinander, geht in Ihre Umgebung hinein und nimmt damit höchst aktiv am Leben teil. Erkundungsverhalten hat etwas außerordentlich Lebendiges.

Im Leben von Freigängern nimmt Erkundungsverhalten einen großen Teil der wach verbrachten Zeit ein, während die Katze durch ihr Revier streift, prüft, was sich verändert hat, wer vorbeigekommen ist und ob irgendwo potenzielle Jagdbeute zu entdecken ist. Dabei setzt die Katze prinzipiell alle ihre Sinne ein. Besonders intensiv kommen offenbar jedoch der Sehsinn und der Geruchssinn zum Tragen. Sie reagiert auf visuelle Reize, die Veränderungen andeuten, also z.B. eine Lücke, wo vorher keine war, oder einen Gegenstand, der gestern noch nicht dort stand, aber natürlich auch auf die Sichtung eines Beutetiers. Daraufhin geht sie – vorsichtig oder zielstrebig – zu jener Stelle und untersucht sie. Die geruchliche Erkundung nimmt dabei einen besonders hohen Stellenwert ein. Es werden unbelebte neue Objekte beschnuppert, aber vor allem einzelne Gräser und Zweige, Steine und Erdbereiche, an denen andere Tiere ihre Duftspuren hinterlassen haben. Manchmal bepföteln Katzen Objekte, um diese näher zu untersuchen und mehr über ihre Eigenschaften zu lernen: Können sie sich bewegen? Sind sie wehrhaft? Sind sie leicht oder schwer? Was kann man damit anfangen?

Im häuslichen Revier der Katze gibt es typischerweise nicht sehr viel Neues zu entdecken oder zu beobachten. Hat die Katze ihr Zuhause einmal erschlossen, erlebt sie nicht mehr allzu oft Überraschungen. Böse formuliert könnte man sagen: Viele Wohnungskatzen leiden unter Reizarmut. Sie verlieren deshalb nach einiger Zeit den Anreiz, sich überhaupt noch mit ihrem „Revier" zu beschäftigen und darin nach dem Aufwachen Streifzüge zu unternehmen. Warum sollten sie auch zum 300. Mal auf den Schrank springen, auf dem dann eh nix Spannendes zu finden ist? Andere Katzen scheinen sowohl optimistischer als auch kreativer. Sie ziehen los und lassen ihrer Fantasie freien Lauf. So scheint es zumindest, wenn sie enthusiastisch nach Staubfäden heischen, den Effekt der Klospülung beobachten, die Zerrupfeigenschaften verschiedener Pflanzen in Erfahrung bringen und vor allem immer wieder Studien an fallenden (heruntergeschubsten) Objekten durchführen. Gedeckte Tische und Küchenarbeitsplatten sind dann oftmals unterhaltsame Bereiche, weil sich dort ja wirklich was tut: „Was haben meine Menschen denn heute aufgetischt? Den Geruch kenne ich ja noch gar nicht!"

Hilfe zur „Selbstbeschäftigung

Leider verlieren viele Katzen im Laufe der Jahre diese liebenswerte Begeisterungsfähigkeit und ihr Erkundungsverhalten in der Wohnung nimmt ab. So bedauernswert das ist, heißt das umgekehrt, dass sich an dieser Stelle oft lohnenswerte und erfolgsversprechende Ansatzpunkte dafür finden lassen, das Leben einer Katze wieder etwas mehr in Schwung zu bringen. Gerade bei nur sehr schwer für Spiel zu begeisternden Katzen kann die Anregung zu Erkundungsverhalten den entscheidenden Startkick geben.

Ideen zur Anregung von vermehrtem Erkundungsverhalten

Katzen beginnen dann etwas zu erkunden, wenn sie einen Grund dafür haben. Und gute Gründe für Erkundungsverhalten sind

- Veränderungen im Revier sowie
- neue Gegenstände und Reize.

Vielleicht fragen Sie sich gerade: „Aber Moment, ich dachte, Katzen mögen keine Veränderungen? Ich dachte, es ist für meine Katze gut, wenn alles verlässlich und stabil ist?" Diese Fragen sind nicht unberechtigt. Katzen profitieren davon, wenn sie ihr Revier kennen, da ihnen die Vertrautheit Sicherheit gibt. Ich werde auch nicht vorschlagen, dass Sie Ihre Wohnung komplett und alle Räume gleichzeitig renovieren, damit sie für Ihre Katze wieder anregender wird. Das wäre wohl etwas über das Ziel hinausgeschossen. Außerdem können sich einige Katzen, die nie Veränderungen oder Variabilität kennengelernt haben, manchmal selbst mit kleinen Neuerungen schwertun. Sie haben im Laufe der Jahre ihre Flexibilität verloren. In diesem Fall ist Rücksichtnahme im Alltag zwar sehr freundlich, bringt die Katze aber nicht wirklich weiter. Konstruktiver wäre es, sie behutsam an kleine Veränderungen zu gewöhnen und ihr Mut zu machen, sich wieder mit ihrer Umwelt auseinanderzusetzen. Ihr die Erfahrung zu ermöglichen, dass Umweltreize toll und angenehm sein können und Erkundung sich lohnt. Wenn Sie also Erkundungsanregungen in Ihren Alltag mit aufnehmen möchten, passen Sie das Ausmaß bitte an Ihre Katze an. Sie sollte dabei nie ängstlich reagieren.

Was kann man alles tun, um die Katze auf die Idee zu bringen, eine Erkundungstour zu starten? Hier im ersten Schritt eine kleine Auswahl von Revierveränderungen, von denen aus Sie weiter überlegen können, was sich in Ihrem Haushalt anbietet:

- 😺 Stuhl an eine andere Stelle stellen
- 😺 Stuhl auf die Seite legen
- 😺 eine Decke über den Stuhl hängen, so dass eine Höhle entsteht
- 😺 die Kratztonne auf den Esstisch stellen (oder den Stuhl)
- 😺 eine Kommode 30 cm von der Wand abrücken
- 😺 gleiches mit dem Sofa machen
- 😺 eine andere Kommode an eine neue Stelle stellen
- 😺 ein neues Bücherregal anbringen
- 😺 einen Aufgang auf den Kleiderschrank bauen, auf den die Katze zuvor nicht gelangen konnte
- 😺 eine Pflanze* mitten auf den Fußboden stellen
- 😺 einen Teppich umklappen
- 😺 die Matratze vom Bett heben
- 😺 einen neuen Läufer hinlegen
- 😺 einen alten Läufer an eine neue Stelle legen
- 😺 einen Kissenberg auf dem Boden bauen
- 😺 Einkaufstüten im Wohnzimmer abstellen
- 😺 Wäscheständer an neuer Stelle aufbauen
- 😺 eine neue Fußmatte hinlegen
- 😺 das Katzengras vom Boden auf ein Schränkchen umplatzieren
- 😺 einen neuen Kratzstamm anbieten

Machen Sie sich bei eher passiven, zurückhaltenden Katzen darauf gefasst, dass es schon mal ein paar Stunden oder gar Tage dauern kann, bis sie einen neuen Gegenstand oder ein verrücktes Möbelstück unter die Lupe nehmen. Das ist, bis sie das tun, nicht zu unterscheiden von schlichtem Desinteresse. Lassen Sie sich davon nicht entmutigen. Selbst wenn eine Ihrer Ideen wirklich auf Desinteresse stößt, haben Sie mit der nächsten vielleicht mehr Glück. Oder mit der übernächsten.

Hilfe zur "Selbstbeschäftigung"

Bringen Sie ein bisschen Natur von draußen mit, z.B.

- einen Ast*
- einen Zweig*
- eine Baumscheibe oder ein gespaltenes Stück Kaminholz
- einen Haufen trockenes Herbstlaub* (oder selbstgetrocknetes Blattwerk)
- frisches Sägemehl
- eine Grassode*
- Federn
- eine Handvoll Erde
- Steine mit Moos daran
- Heu für Kleintiere (Pseudo-Natur)

Es kann passieren, dass die Erkundung solcher Mitbringsel in drei Sekunden erledigt ist. Nehmen Sie bitte auch das nicht so schwer. So ist das im „echten Leben" – die meisten Dinge entpuppen sich als nicht so wirklich relevant für die Katze. Aber ihr Hirn hat einen kurzen Moment gearbeitet, und dafür kann man schon mal ein bisschen Aufwand betreiben und Baumstämme nach Hause schleppen ...

Bitte achten Sie bei den Dingen aus der Natur darauf, dass Sie diese nicht in unmittelbarer Nähe von vielbefahrenen Straßen auflesen und sie für Ihre Katze ungiftig sind. Für weniger Dreck können Sie Laub zum Beispiel in einen Karton oder eine große Plastikwanne füllen. Darin könnten Sie auch kleine Rasenflächen pflanzen oder Erde oder Sand zum Buddeln anbieten (außer zum Buddeln eignen sich diese „Wiesen" und „Beete" jedoch auch gut als Katzentoilette).

Außerdem können Sie immer mal verschiedenste kleine Geruchspröbchen daraufhin testen, ob Ihre Katze diese Gerüche interessant und attraktiv findet:

- einige Pferdehaare
- Fell von Rindern, das sich in einem Zaun verfangen hat (achten Sie beim Spazierengehen mal darauf – viele Rinder schubbern sich offenbar gerne an Zäunen und hinterlassen richtige Fellknäuel)

- etwas ungewaschenes Wollflies vom Schaf
- Prisen von getrockneten Kräutern*
- frische Kräuter und Pflanzen*

*Buchtipp: In „Katzenpflanzen" von Sabine Ruthenfranz können Sie sich über für Katzen unbedenkliche Pflanzen informieren.

Bitte nutzen Sie keine Duftproben von fremden Katzen für vermeintliche Unterhaltungszwecke. Das kann zwar funktionieren, birgt aber ein geringes Risiko, dass Sie damit Markierverhalten auslösen. Außerdem sind Ihnen beim Lesen eben womöglich ätherische Öle in den Sinn gekommen. Mit diesen ist jedoch im Kontakt mit Katzen Vorsicht geboten und zwar gleich in mehrerlei Hinsicht: Mit ihrem hervorragend ausgeprägten Geruchssinn nehmen Katzen die Öle wesentlich intensiver wahr als wir Menschen. Sie können damit also leicht eine „Reizüberflutung" auslösen. Wenn, dann genügt in der Regel ein einzelner Tropfen. Informieren Sie sich gründlich über die Ungiftigkeit des jeweiligen Öls für Katzen, und gehen Sie nicht davon aus, dass die für Hunde angebotenen Öle auch unbedenklich für Katzen sind.

Wenn Sie starke Geruchsquellen irgendeiner Art anbieten, dann servieren Sie diese am besten auf einem Träger, wie z.B. einem Stück Stoff oder Küchenrolle, den sie anschließend entsorgen können. Es wäre unglücklich, wenn Sie etwas direkt auf den Teppich geben und Ihre Katze den Teppich anschließend meidet wie die Pest, weil sie den Geruch unangenehm findet.

Übrigens: Durch den Einsatz neuer Spielzeuge und den Aufbau abwechslungsreicher Tarnmöglichkeiten beim Spiel wird ebenfalls Erkundungs- und Neugierverhalten ausgelöst.

Futterspiele zur Alleinbeschäftigung

Futterspiele sind in den vergangenen Jahren recht populär geworden – zur Freude vieler Katzen. Während die obigen Vorschläge Ihre aktive Beteiligung voraussetzen, kommen wir nun zu solchen Futterspielen, mit denen Ihre

Katze sich alleine beschäftigen kann. Sie müssen sie lediglich bereitstellen, was in der Regel einen Zeitaufwand von 30 bis 60 Sekunden bedeutet, in Ausnahmefällen vielleicht mal einige Minuten.

Sie können Fummeleien und Co recht flexibel einsetzen, z.B. ...

- ❦ ... wenn Ihre Katze gerade akut Beschäftigung braucht, Sie aber keine Zeit haben
- ❦ ... für tägliche Auslastung bei der normalen Fütterung
- ❦ ... wenn Sie Ihrer Katze einen guten Grund geben möchten, ihre Nase und Pfoten nicht irgendwo anders hineinzustecken (z.B. in den Kochtopf)
- ❦ ... „heimlich" im Nebenzimmer, bevor Sie zur Arbeit gehen

Im Mehrkatzenhaushalt bieten Sie bitte immer mehrere Fummeleien gleichzeitig und mit einigem Abstand zueinander an, so dass keine Konkurrenz entsteht. Nur wenige Katzen können gut gemeinsam fummeln, auch wenn einige tolles Teamwork entwickeln im Sinne von „Du holst es aus den schwierigen Teilen heraus und ich fress es dann!".

Fummeleien

Mit „Fummelei" ist hier gemeint: Sie servieren Ihrer Katze Futterstückchen oder Leckerchen nicht bequem in einem Napf, sondern so, dass sie es sich mit Einsatz ihrer Pfoten oder einer langgestreckten Zunge erarbeiten muss. – Erinnert Sie das an ein Jagdelement? Genau: Die Katze hangelt nach Beute, die sich in ein Versteck verzogen hat. – Einfache Fummeleien kann man gut selber basteln. Das ist besonders dann sinnvoll, wenn Sie noch nicht wissen, was Ihre Katze von dieser Idee hält. Viele, vor allem die futtermotivierten Katzen, sind von solchen Angeboten spontan und nachhaltig begeistert. Andere müssen ein wenig überzeugt werden. Und diese Überzeugungsarbeit kann sicherheitshalber mit dem ersten Angebot begonnen werden.

Goldene Regel für Fummeleien: Ihre Katze muss erfolgreich sein können.

Wir Menschen denken bei Fummeleien manchmal zu kompliziert oder gestalten sie zu schnell zu schwer, indem wir z.B. Futterstückchen in eine Papprolle stecken und die Enden der Papprolle mit Papierknäueln verschließen. So verpackt ist das Futter für Ihre Katze aber zunächst weder sicht-

noch hörbar – und auch nicht so intensiv riechbar. Warum also sollte sie sich damit beschäftigen, wenn sie nicht total heißhungrig ist? Und einige Katzen würden sagen: „Warum soll ich überhaupt plötzlich was tun? Ich dachte, Futter wächst im Napf?!" Wählen Sie deshalb für den Einstieg ein Futterversteck, von dem Sie selber denken, dass es eigentlich gar kein richtiges Versteck ist, z.B.

- einen leeren Hartplastikbecher
- eine an den Enden offene Klorolle
- eine an den Enden offene Küchenrolle, in die sie zusätzliche Pfötellöcher an den Seiten schneiden
- einen schmalen Eierbecher

Das kann so schlicht aussehen, dass Sie einige Brocken Trockenfutter in einen Becher füllen und diesen aufrecht, also oben offen, hinstellen. Ihre Katze muss den Becher nun nur umwerfen und kommt dann mit wenig Pfotenaufwand ans Futter. Super! Perfekter Einstieg!

Meistert Ihre Katze solche Angebote, können Sie langsam mehr variieren und in kleinen Schritten den Schwierigkeitsgrad erhöhen. Kleben Sie mehrere Klorollen zu einer Pyramide zusammen oder stecken Sie diese in einem Karton fest. Bieten Sie einen offenen Eierkarton an oder einen Setzkasten, den Sie auf den Boden legen oder auf Katzenhöhe an der Wand befestigen.

Zeigt Ihre Katze sich zurückhaltend und skeptisch? Dann helfen Sie ihr ruhig ein bisschen. Fummeln Sie selber mit ausgestrecktem Finger einzelne Bröckchen aus der Fummelei, so dass Ihre Katze sie daneben ergattern kann. Legen Sie das Futter zunächst nur in die Randbereiche, so dass kleinste Berührungen ausreichen, um das Futterstück in Fressreichweite zu ziehen. Zeigen Sie Ihrer Katze, wie sie die Futterstückchen in den Fummeleien platzieren, falls diese darin nicht ohnehin gut sichtbar sind. Oder, falls möglich, erzeugen sie leicht klackernde Geräusche mit dem Futter in der Fummelei. Hat Ihre Katze erst einmal verstanden, dass Futter in der Fummelei ist und dass sie leicht Erfolgserlebnisse erzielen kann, wird sich ihre Motivation erhöhen.

Hilfe zur „Selbstbeschäftigung"

Haben Sie schon von den sogenannten Fummelbrettern gehört? Für diese werden gleich mehrere unterschiedliche Fummelstationen auf einer festen Unterlage montiert. Während eine Katze eine Klorollenpyramide ja einfach umkippen kann, muss sie bei festen Fummeleien etwas mehr Feinmotorik an den Tag legen. Fummelstationen könnten z.B. bestehen aus:

- einer festgeklebten Klorollenpyramide
- aufrecht montierten Korken, zwischen denen die Katze das Futter hervorziehen muss
- aus kleinen Holz- oder Plastikleisten geformten schmalen Bahnen, in die die Pfote der Katze, nicht aber ihre Nase passt
- Plastikschalen (z.B. von einem Liter Speiseeis), die mit Tischtennisbällen gefüllt sind oder mit der Öffnung nach unten und hineingeschnittenen Pfötellöchern versehen festgeklebt werden

Wenn Sie selber Fummelbretter oder andere Fummeleien basteln, achten Sie bitte gut darauf, sorgsam mit Klebern umzugehen (Heißklebepistolen leisten oft gute Dienste) und nur splitterfreie und bruchsichere Materialien zu benutzen. Wenn Sie im Internet nach „Fummelbrett" recherchieren, finden Sie zahlreiche Seiten und Videos, bei denen Sie sich Anregungen und Anleitungen holen können. Über den Schwierigkeitsgrad einer Fummelei entscheidet u.a. der Winkel, mit dem die Katze ihre Pfote in das „Beuteversteck" schieben muss: Senkrecht nach unten ist sehr schwierig, diagonal abwärts oder waagerecht deutlich einfacher.

Im Handel ist eine wachsende Anzahl von fertigen Fummelbrettern und -stationen erhältlich. Diese sind unterschiedlich gut durchdacht und weisen teilweise erhebliche Schwierigkeitsgrade auf. Achten Sie beim Kauf bitte auf die Standfestigkeit und auch auf das Risiko, dass Ihre Katze sich beim Fummeln mit den Krallen in Ritzen oder Winkeln verfangen könnte.

Von Katzen oft unbeachtet (wegen der schlechten Wahrnehmbarkeit des Futters) und ansonsten auch wenig abwechslungsreich sind die Spiele, bei denen die Katze Dinge beiseite schieben muss, um an darunterliegendes Futter zu kommen. Deshalb ist davon eher abzuraten.

Das Öffnen von kleinen Schubladen oder das Ziehen an Bändern ist für einen Großteil der Katzen zu schwierig und sie bewältigen diese Fummeleien oft selbst mit ausgiebiger Hilfe des Menschen nicht. Dann machen sie natürlich auch keinen Spaß. Es gibt aber die Fummelspezialisten, die auch für die Schubladen nur ein müdes Lächeln übrig haben und diese in Nullkommanichts leeren. Dann stellen diese Angebote eine schöne Abwechslung dar.

Für den Einstieg können Sie sich gut am „Fun Board" von Cat Activity orientieren und später an den Erweiterungen dieser Serie, sowie der „Snack Box" der gleichen Reihe (diese Produkte überzeugen mich bzw. zahlreiche Katzen seit Jahren immer wieder aufs Neue und verdienen deshalb diese erneute, ungesponserte Werbung).

Mobiles Futterpföteln

Es gibt nicht nur stationäre Fummeleien, sondern auch einige schöne mobile Futterspender. Dabei handelt es sich um mit Futter zu befüllende Bälle oder Rollen, die bei Bewegung einzelne Futterstücke durch Löcher ausgeben. Ihre Katze müsste also einen solchen Ball mit den Pfoten oder mit dem Köpfchen anstupsen, um das Futter herauszurollen. Ob sie daran Spaß hat, hängt erneut davon ab, wieviel Futtermotivation und wieviel Hartnäckigkeit sie mitbringt und wie leicht oder schwer der jeweilige Futterspender es ihr macht. Einige Katzen kegeln einen Snack Ball gut gelaunt ein bis zwei Minuten durch das Zimmer, bis das nächste Bröckchen herausfällt. Das Wissen um das Prinzip und das Klötern der sich darin bewegenden Futterstückchen sind ihnen Anreiz genug. Andere Katzen geben auf, wenn nach zwei Versuchen kein Ergebnis da ist. Folgende Kriterien erhöhen die Erfolgschancen von mobilen Futterspendern:

- 🐾 durchsichtig: die Katze kann das Futter und seine Bewegungen sehen
- 🐾 größenverstellbare Löcher für unterschiedliche Schwierigkeitsgrade (günstig auch für unterschiedlich große Futterstücke)
- 🐾 mehrere Löcher für schnelle Erfolgserlebnisse (aber langfristig auch nicht so viele, dass mit einmal Anstupsen alles herausfällt)

Viele dieser Produkte sind aus Hartplastik und verursachen recht viel Lärm, wenn sie auf hartem Untergrund bewegt werden. Einige Katzen finden das besonders toll, andere bevorzugen Teppich als ohrenschonende Unterlage. Trotz seiner Größe oftmals sehr beliebt und durch Gummiringe leise beim Rollen ist der „Pipolino".

Hilfe zur "Selbstbeschäftigung

> Findet Ihre Katze Spaß an stationären oder mobilen Fummeleien, spricht überhaupt nichts dagegen, ihr ihre Hauptmahlzeiten in Form solcher Beschäftigungen zu geben. So bekommt sie gleich mehrmals täglich eine befriedigende Kombination aus Konzentration, aktiven Jagdversuchen und Erfolgserlebnissen.

Welches Futter für Fummelspiele?

Für Fummeleien und das mobile Futterpföteln sind vor allem Trockenfutterstücke, Leckerchen und vielleicht Würfel von gekochtem Fleisch geeignet. Versuchen Sie bitte, das Fummelfutter so gesund und ausgewogen wie möglich auszuwählen und berechnen Sie es in die Gesamtfuttermenge Ihrer Katze mit ein. Bitte bedenken Sie, dass selbstgebastelte Fummelstationen meist schlecht gereinigt werden können und deshalb aus hygienischen Gründen häufig ersetzt werden müssen. Kaufprodukte sind oftmals spülmaschinengeeignet und damit langlebiger. In einigen von ihnen könnte deshalb auch rohes Fleisch in kleinen Stückchen angeboten werden. (Falls Sie rohes oder gekochtes Fleisch als Leckerchen anbieten möchten, informieren Sie sich bitte gründlich über Besonderheiten dieser Ernährung. Eine häufige Gabe von Leber kann z.B. zu einer Überdosierung von Vitamin A führen, die Ihre Katze krank machen kann.)

Sie möchten oder dürfen Ihrer Katze kein Trockenfutter geben bzw. Trockenfutter oder handelsübliche Leckerchen werden von ihr verschmäht? Dann ist es wirklich etwas schwieriger, Futterbeschäftigungen anzubieten, aber nicht unmöglich! Um eine allzu große Sauerei zu vermeiden, sollten Sie allerdings eher nicht versuchen, Ihre Katze zum Futterpföteln einzuladen. Nassfutter an der Pfote wird nämlich gerne mal in alle Richtungen abgeschüttelt und klebt dann an den Wänden. Stattdessen können Sie den nötigen Schleckeinsatz erhöhen. Dazu geben Sie das Nassfutter z.B. in einen schmalen Eierbecher, in den die Schnauze Ihrer Katze nicht hineinpasst. Dann muss sie sich stärker anstrengen, um das Futter mit der Zunge aus der „Tiefe" des Bechers zu fischen. Alternativ können Sie einen Anti-Schling-Napf kaufen, dessen Boden nicht einfach normal glatt, sondern von Zapfen unterbrochen ist, an denen die Katze vorbeischlecken muss. Nach einem solchen Vorbild können Sie unterschiedliche Eigenkreationen von Anti-Schling-Näpfen bauen.

Achten Sie nur bitte unbedingt darauf, dass Ihre Katze mit dem Angebot zurechtkommt und ausreichend Motivation und Geschick mitbringt, um auch weiter zuverlässig ihre Mahlzeiten zu sich nehmen zu können.

Futter auslegen

Als letzte Möglichkeit der Futterbeschäftigung können Sie Futter in der Wohnung verteilen. Legen Sie einzelne Trockenfutterstückchen auf die verschiedenen Kratzbaumebenen, auf Fensterbretter, Tischkanten, Fußleisten, Regale – zunächst an die Orte, an denen Ihre Katze sich ohnehin häufiger aufhält oder an denen sie vorbeikommt. Sie wird dann anfangs von den Futterfunden überrascht sein. Legen Sie regelmäßig Futter aus, dann kann Ihre Katze irgendwann gezielt auf Futtersuche gehen. „Ich habe ein Appetitchen. Hm, gestern war was auf der Fensterbank im Schlafzimmer. Dann gehe ich dort doch mal schauen."

Sie regen Ihre Katze durch das „Verstecken" von Futter also dazu an, im Revier Wohnung auf Erkundungstour und Beuteschau zu gehen. Nach und nach lassen Sie sich immer mehr Futterplätze einfallen und animieren Ihre Katze dazu, dafür verschiedenste Zimmer und vor allem auch erhöhte Plätze aufzusuchen. So bekommt sie nebenher ein wenig Training und einige Plätze könnten dadurch an Attraktivität gewinnen und mehr in den Fokus Ihrer Katze rutschen. Und schon hat sie ihr Revier ein kleines bisschen erweitert.

Einige Katzen finden dieses Spielchen so toll, dass sie ihrem Menschen auf Schritt und Tritt folgen und gleich alles einsammeln wollen. Das ist natürlich auch erlaubt. Sie können aber auch tricksen: Geben Sie Ihrer Katze etwas zu fummeln und legen Sie den Rest des Futters „heimlich" aus. So bleibt ein wenig Überraschungsfaktor erhalten. Variieren Sie bei diesen engagierten Katzen regelmäßig die Stellen, an denen es Futter zu finden gibt.

Falls Trockenfutter nicht infrage kommt, können Sie auch Tellerchen mit kleinen Nassfutterportionen an verschiedenen Stellen anbieten. Vielleicht mit einer leichten durchsichtigen Plastikkuppel (etwa einem billigen Trinkbecher), der das Nassfutter frisch hält und den Ihre Katze dann im ersten Schritt umkippen muss?

Für Nass- und Trockenfutter gilt: Überprüfen Sie, ob es gefunden und gefressen wurde und entsorgen Sie ggf. die Reste. Achten Sie darauf, dass Trockenfutter oder Leckerchen nicht hinter Schränke fallen. Falls Sie sich um Fettflecken sorgen, können Sie kleine Mini-Muffin-Papierförmchen o.Ä. als Unterlage für die Bröckchen benutzen.

> Im Mehrkatzenhaushalt ist das Futterverteilen etwas schwieriger, weil die Katzen oft unterschiedlich futtermotiviert und aktiv sind. Versuchen Sie darauf zu achten und herauszufinden, wer wieviel einsammelt, um die Tagesrationen individuell anpassen zu können. Es soll niemand überfüttert werden, aber auch niemand systematisch zu kurz kommen.

Noch einmal Erkundung

So wie gerade für Futter beschrieben, können Sie auch andere attraktive Ressourcen für Ihre Katze immer wieder an verschiedenen Stellen in der Wohnung auslegen und „verstecken": Beliebte kleine Spielzeuge, die Ihre Katze dann – anders als den Nippes – ganz legal von der Kommode oder vom Regal schubsen darf, um am Boden weiter damit zu spielen, Duftspielzeuge, aber z.B. auch neue Liegeplätze aus einem Material, das Ihre Katze liebt, oder Pflanzen, an denen sie gerne knabbert (z.B. ein unbedenklicher Zimmerbambus) oder auch einfach spannende Duftproben. Es muss nicht immer Futter sein, mit dem man Erkundungstouren für die Katze spannend und lohnenswert gestalten kann.

Automatikspielzeuge

Mit Automatikspielzeugen sind solche gemeint, die von uns Menschen ein- und ausgeschaltet werden und sich von alleine bewegen. In der Regel sind sie batteriebetrieben. In den vergangenen Jahren ist der Markt für automatische Katzenspielzeuge langsam, aber stetig gewachsen. Dennoch ist die Auswahl in Deutschland bislang überschaubar und viele Produkte könnten durchaus noch weiter entwickelt werden, um besser die Bedürfnisse und Vorlieben der Katzen zu treffen.

Automatikspielzeuge

Ein großes Manko vieler Automatikspielzeuge ist ihre Lautstärke. Die Bewegungen werden über Motoren erzeugt, die häufig ausgesprochen laut sind. Zu laut für den Geschmack vieler Katzen. Ein weiteres Problem dürfte für viele Katzen die Größe der Produkte darstellen. Die wenigsten kommen in Mausgröße daher und wirken deshalb häufig etwas einschüchternd, besonders in Kombination mit der Lautstärke.

Nichtsdestotrotz kann es lohnenswert sein, auch diese Art der Unterhaltungsmöglichkeit durch eine kluge Produktauswahl, die die Vorlieben und die Abenteuerlust der eigenen Katze berücksichtigen, auszunutzen. Automatikspielzeuge sollten dabei aber nicht die Menschen als Spielpartner der Katze ersetzen. Die Interaktion mit der Katze im gemeinsamen Spiel ist schließlich auch Beziehungspflege. Aber Automatikspiele können als Ergänzung dienen und vor allem solche „Notzeiten" überbrücken, in denen die Katze genau jetzt unbedingt eine Beschäftigungshilfe braucht und wir uns beim besten Willen keine Zeit für sie nehmen können.

Dabei sollten Sie allerdings mit einer realistischen Erwartungshaltung an die Effekte eines Automatikspielzeugs herangehen: Bei den meisten Katzen lösen sie aufgrund ihres eben beschriebenen Potenzials als gefährliche Beute vor allem Lauerverhalten aus. Häufig werden diese Spielzeuge ausschließlich aus sicherer Distanz beobachtet und von mutigen Katzen auch vorsichtig aus der Nähe erkundet. Das allerdings ist – wie Sie inzwischen wissen – ein großartiges Programm, gegen das überhaupt nichts einzuwenden ist. Jedes Anpirschen, Bepföteln und weitere Spielelemente sollten Sie als tolles Extra werten und keinesfalls als Spielergebnis voraussetzen. Eine schöne mehrminütige Lauereinheit an einem Automatikspielzeug kann Ihrer Katze gut die Zeit vertreiben, bis Sie z.B. Ihr Arbeitstelefonat beendet oder fertig gekocht haben und selber ins Spiel einsteigen können.

Wie andere Spielzeuge auch funktionieren Automatikspielzeuge oft am besten, wenn sie ganz neu und deshalb besonders spannend sind. Versuchen Sie, diesen Reiz dadurch zu erhalten, dass Sie das Automatikspielzeug ausschließlich für seinen aktiven Einsatz hervorholen und danach wieder wegstellen und es an unterschiedlichen Orten auftauchen lassen. Außerdem können Sie versuchen solche Spielzeuge auszuwählen, die nicht eintönig immer dasselbe machen, sondern in verschiedene Modi geschaltet werden können oder sich von alleine eher unvorhergesehen bewegen. Beispiele dafür wären z.B. die kleinen Hexbug Nano-Roboterchen, die sich schnell (und leise!) bewegen, dabei mal geradeaus und mal in Bögen oder im Kreis fahren und bei Begegnungen mit Möbeln oder Wänden die Richtung wechseln. Oder die Mouse-under-Cover-Variante von AniOne, bei der die Geschwindigkeit der „Maus" manuell auf schnell oder langsam oder auf „random" eingestellt werden kann. Random bedeutet, dass die Maus sich mal links herum, dann rechts herum, mal schnell und mal langsam unter der Abdeckung bewegt.

Noch einmal: Schwer bespielbare und nimmermüde Katzen

Wenn man versucht, eine Katze zu bespielen und sich dabei wirklich Mühe gibt, kann es äußerst frustrierend sein, wenn diese Katze kaum oder manchmal auch gar nicht auf die Spielangebote reagiert. Falls Ihnen das so geht: Versuchen Sie, das nicht persönlich zu nehmen. Nehmen Sie es als eine gute Übung in Hartnäckigkeit, die man auch in anderen Lebensbereichen immer mal brauchen kann. Bleiben Sie dabei innerlich flexibel, d.h. verabschieden Sie sich von Bildern, die Sie vielleicht im Kopf haben, wie eine Katze zu spielen hat. Wenn man vielleicht jahrelang mit einem Turbokater zusammengelebt hat, mit dem Spielen kinderleicht und ein großes Vergnügen war, dann hat eine unsichere, gehemmte, in sich gekehrte oder vielleicht gesundheitlich angeschlagene Katze es schwer, diesem Bild auch nur im Ansatz zu entsprechen. Würdigen Sie die kleinen Momente der Aufmerksamkeit, die Ihre Katze Ihrem Spielangebot schenkt. Und bleiben Sie am Ball: Einige Katzen scheinen erst wieder lernen zu müssen, sich auf Spiel einzulassen. Das ist dann schon nahezu therapeutische Arbeit, und wenn Sie erfolgreich sind, versüßen Sie Ihrer Katze das Leben ein wenig.

„Arbeiten" Sie am besten mit einer weitgefassten Definition von Spiel, in die Sie auch Erkundung und Futterspiele mit einbeziehen. Befreien Sie sich und Ihre Katze von dem Druck, beim Spielen etwas leisten zu müssen. Versuchen Sie einfach, Ihre Katze im Alltag immer wieder im Kleinen auf etwas neugierig zu machen – und wenn es anfangs nur ein paar Sekunden sind. Steter Tropfen höhlt den Stein! Steigern Sie langsam die Erkundungsmöglichkeiten, die Sie für Ihre Katze kreieren, und fokussieren Sie sich in interaktiven Spielversuchen zunächst für längere Zeit auf Beobachtungs- und Lauerspiele. Achten Sie dabei noch einmal auf Ihre eigene Körpersprache im Hinblick darauf, ob Sie Ihre Katze vielleicht durch eine zu frontale Ausrichtung aus Versehen hemmen. Die besten Chancen, schwer bespielbare Katzen in Bewegung zu setzen, haben Sie in der Regel mit Stocherspielen.

Vielleicht haben Sie Glück im Unglück und Ihre Katze gähnt zwar beim Anblick von Spielzeug, ist aber engagiert bei Futterspielen? Dann hadern Sie nicht damit, sondern freuen Sie sich! Damit ist eine Grundlage für aktive Beschäftigung gelegt und Sie können Ihre Katze animieren, sich täglich ordentlich zu bewegen. Und Sie könnten ausprobieren, ob Sie nach und nach

Noch einmal: Schwer bespielbare und nimmermüde Katzen

Interesse für ein bestimmtes geworfenes Bällchen wecken können, wenn Sie systematisch nach dem Wurf dieses Bällchens immer sofort ein Futterstückchen so hinterherwerfen, dass es etwa an der gleichen Stelle landet. Wird das Bällchen so erst einmal in das Futterspiel integriert, bekommt es mit etwas Glück für Ihre Katze irgendwann eine spielerische Bedeutung, so dass sie – ganz aus Versehen – plötzlich danach pfötelt.

Halterinnen von „nimmermüden" Katzen haben über die letzten Abschnitte vermutlich gelächelt und sich gewünscht, dass ihre Katze sich mal für nur einen Monat in eine schwer bespielbare Katze verwandelt. Sie empfinden Ihre Katzen vermutlich häufiger als wirklich anstrengend und nervend, weil sie Ihnen weniger Freiraum und Zeit lassen, sich um Ihre eigenen Bedürfnisse zu kümmern. Für Sie wird es nötig sein, neben dem interaktiven Spiel mit Ihrer Katze mit Spielangel in der Hand weitere Spiel- und Beschäftigungsangebote zuverlässig in den Alltag zu integrieren, die Sie entlasten. Vor allem Erkundungsaufträge für Ihre Katze, Futterspiele und auch der Einsatz von Automatikspielzeugen, falls Ihre Katze dafür zu haben ist, können Ihnen die nötige Zeit für sich selbst bescheren.

Machen Sie sich regelmäßig bewusst, dass Ihre Katze nicht anstrengend sein möchte. Stattdessen wird sie sich häufig bedürftig und abhängig fühlen, da sie ja wahrscheinlich keine Lebensumgebung hat, in der sie sich besonders leicht selbst beschäftigen kann. Nimmermüde Katzen können einem wirklich manchmal den letzten Nerv rauben. Aber sie sind einfach auch immer wieder Ausdruck von personifizierter – oder besser katzifizierter – Lebendigkeit und Lebensfreude. Diese Katzen wollen in die Welt, wollen sie erleben und erfahren, schmecken und bepföteln. Wenn Sie sich darauf einlassen und Ihre Turbokatze darin unterstützen, spüren Sie diesen Lebensfreude-Funken vielleicht auch in sich.

Teil 3:
Organisatorisches und Sicherheit

Praktische Tipps zur Organisation

Bitte verstehen Sie die folgenden Empfehlungen erneut als Anregung, aber nicht als Anweisung, wie der Spielalltag mit Ihrer Katze strukturiert sein „muss". Katzen führen äußerst unterschiedliche Leben mit uns Menschen zusammen: Bei einigen ist der Alltag sehr ruhig und vielleicht beinahe reizarm (z.B. bei einem alleinstehenden Menschen, der einer Vollzeitarbeit nachgeht und wenig Besuch empfängt), bei anderen geht es trubelig zu (etwa in einer Familie mit Kindern oder einem Haushalt, in dem viele Besucher ein und aus gehen). Einige Katzen sind täglich mehrere Stunden draußen, andere nutzen den Freigang nur minutenweise, wieder andere verbringen nach Möglichkeit viele Stunden auf dem Balkon. Und schließlich sind die Katzen selbst verschieden: Es gibt aktive und weniger aktive Katzen, extrovertierte und introvertierte, „Sportler", „Kämpfer", „Denker" und eingefleischte „Kuscheljunkies". Darüber hinaus legen Katzen je nach Lebensphase und Gesundheitszustand mehr oder weniger Spielenergie an den Tag. Folglich kann es nicht das eine richtige Maß zu spielen geben. Versuchen Sie, die Bedürfnisse Ihrer Katze immer mal wieder rein aus deren Perspektive zu betrachten und einzuschätzen und bleiben Sie offen dafür, dass sich das im Laufe der Zeit verändern kann. Das meint nicht zwangsläufig, dass das Bedürfnis nach Spiel und Beschäftigung mit steigendem Alter immer weiter sinkt. Das kann zwar passieren, aber es kann auch sein, dass durch eine Veränderung der Lebensumstände Spiel plötzlich eine viel größere Rolle im Leben Ihrer Katze einnimmt (oder einnehmen könnte und sollte) als in den Jahren zuvor.

Wie oft & wann?

Für die meisten Katzen wäre es sehr angenehm, wenn es täglich zwei Beschäftigungseinheiten geben könnte, und zwar am besten in Aktivitätsphasen Ihrer Katze. Auch Sofatiger haben oftmals solche Aktivitätsphasen, typischerweise wenn wir Menschen morgens aufstehen oder nach längerer Abwesenheit nach Hause kommen – also Zeiten, zu denen wir oftmals nicht viel Aufmerksamkeit für die Katze haben, weil wir entweder noch nicht ganz wach oder gerade geschafft vom langen Tag sind. Dies wären aus Katzensicht jedoch großartige Momente für ein gemeinsames Spiel oder auch Hilfe zur

Selbstbespaßung. Bei aktiveren Katzen sind dies ebenfalls meist sehr aktive Phasen, es gibt daneben aber noch ein bis zwei weitere, in denen Sie mit einem zusätzlichen Spielangebot sicherlich offene Türen einrennen würden.

Bei Letzteren erhält das frühzeitige Spielangebot zu Beginn einer Aktivitätsphase außerdem direkt das Prädikat „pädagogisch wertvoll". Denn Sie lenken die Energien Ihrer Katze damit vorausschauend und wohlmeinend in konstruktive Bahnen, statt darauf zu warten, dass die Katze selbst sich irgendeinen Quatsch ausdenkt – und irgendwo müssen ihre Energien ja hin! So sorgen Sie für gute und ausgeglichene Stimmung und müssen sich nicht über unerwünschte Verhaltensweisen ärgern. An diesem Punkt sind Sie mittendrin, effektive Prävention gegen Verhaltensprobleme zu betreiben (z.B. exzessives Kratzmarkieren, Harnmarkieren, intensiviertes Vokalisieren oder aggressives Verhalten).

Wenn ich gezwungen werden würde, mich auf ein anzustrebendes Spielmaß festzulegen, dann würde ich sagen: zwei bis dreimal täglich für 20 bis 30 Minuten, also ca. 44 bis 90 Minuten pro Tag, verteilt auf mehrere Einheiten. Falls es sich um einen Mehrkatzenhaushalt handelt, dann gilt dies für jede einzelne Katze (auch wenn das unbequem ist für uns Menschen). Allerdings: Wenn Sie versuchen, die Spielfreude einer Katze wiederzuerwecken, die viele Jahre lang so gut wie nicht gespielt hat, dann sind ein- oder zweimal täglich zwei bis drei Minuten am Anfang ein ganz toller Erfolg, an dem Sie sich erfreuen können! Und umgekehrt: Für einige Katzen sind – zumindest phasenweise – anderthalb Stunden aktive Beschäftigung am Tag ein Witz und lange nicht ausreichend.

Beispiel: Einige Zeit nach Montys Einzug hatte er Probleme, sich draußen ein neues Revier aufzubauen. Er war in einem ständigen inneren Konflikt zwischen dem Bedürfnis rauszugehen und zu jagen (er hatte sich zuvor als Streuner weitgehend selbst versorgt) und der Angst vor dem übermächtigen Nachbarkater. Außerdem war das Wetter höchst ungemütlich. Das führte dazu, dass er wesentlich mehr Zeit im Haus verbrachte als eigentlich seinem Naturell entsprach – und das hat ihn irre gemacht. In dieser Phase brauchte er täglich mindestens zwei interaktive Spiel- und Beschäftigungseinheiten à 90 Minuten, um sich in der restlichen Zeit wie ein netter und zivilisierter Kater verhalten zu können. Das war eine enorme Herausforderung im Alltag, der Einsatz für ihn und sein „Seelenheil" sowie unsere ...

> ... Beziehung jedoch absolut lohnenswert. Als nach einer entspannteren Phase mit viel Freigang die nächste ähnliche Problemzeit kam, reichten 100 bis 120 Minuten am Tag schon ziemlich sicher aus, um seine Stimmung im Lot zu halten. Inzwischen hat er sich auf ein normales Maß von 60 bis 90 Minuten eingependelt mit einzelnen „durchgeknallten" Actiontagen, an denen es auch mal wieder zwei Stunden werden können. Zum Ausgleich gibt es aber dafür auch Tage, an denen er lieber einfach nur stundenlang kuschelt.

Wo?

Spielorte können nach verschiedenen Kriterien ausgesucht und es kann auch zwischen mehreren Orten gewechselt werden. Zentrale Fragen zur Auswahl des geeigneten Spielorts sind:

- Wo fühlt Ihre Katze sich wohl und sicher?
- Wo verbringt sie gerne ihre wache Zeit und wo albert sie von alleine öfter mal herum?
- Wo gibt es Untergrund, der zum Spielen besonders gut geeignet ist (oftmals Teppich für mehr „grip" mit den Pfoten)?
- Wo gibt es die Möglichkeit, im Spielverlauf wilde Spurts hinzulegen und mal ein wenig das Tempo zu beschleunigen?
- Wo können Sie Ihre Katze durch ein Überraschungsangebot in freudige Aufregung versetzen?
- Wo ist aus Ihrer Sicht Spiel- und Tobe-Action erwünscht und erlaubt, so dass Sie Ihre Katze nicht zwischendurch wieder ausbremsen (müssen)?

Rituale

Bezüglich der Spielzeiten und -orte können Sie für den Alltag gewisse Rituale einführen. Diese können Ihnen dabei helfen, das Spiel mit Ihrer Katze konstruktiv zu bündeln und zu leiten.

Praktische Tipps zur Organisation

Zeitliche Rituale

Vielen Katzen tut es gut, wenn es geregelte Spielzeiten gibt. Damit ist nicht eine bestimmte Uhrzeit gemeint, die auf den Punkt eingehalten werden muss. Geregelt kann auch bedeuten, dass eine Spieleinheit einen festen Platz in einem größeren Ablauf hat.

> **Beispiel:** Morgens setzen Sie sich Kaffee auf, werfen Ihrer Katze einige Futterbröckchen zum Hinterherjagen, gehen ins Bad, trinken Kaffee und frühstücken und dann kommt eine Runde Spielangelspiel. Egal ob Sie montags um 6:30 Uhr oder samstags um 8:30 Uhr aufstehen. Ihre Katze lernt: „Wenn mein Mensch aufsteht, kann ich Futter fangen. Damit ist mein erstes Appetitchen gestillt und der größte Energieüberschuss schon mal raus. Anschließend braucht sie ein bisschen, aber wenn sie das Brettchen in der Küche wegräumt, dann kommt unsere Zeit!"
>
> Wenn Sie von der Arbeit kommen, gibt es erstmal eine Hauptmahlzeit für Ihre Katze. Dann ziehen Sie sich um, erledigen ein paar typische Handgriffe und trinken in Ruhe einen Tee auf dem Sofa. Ist der Tee ausgetrunken, gibt es eine Spieleinheit mit Ihrer Katze. Anschließend erledigen Sie Einkäufe, telefonieren, kochen und essen. Nach dem Abräumen des Tisches ist erneut Ihre Katze dran mit einer weiteren Beschäftigungsrunde. Auch das wieder unabhängig davon, wann Sie genau von der Arbeit kommen oder wann Sie zu Abend essen. Signale für Ihre Katze wären: „Wenn der Tee alle ist und mein Mensch vom Sofa aufsteht, ..." und „Wenn die fertig gegessen haben, kommt einer von ihnen und wir spielen zusammen."

Durch Rituale entwickeln Katzen eine Erwartungshaltung, gerade wenn es um beliebte Aktivitäten geht. Dieser Gedanke löst oft Sorgen aus: Was, wenn Sie diese Erwartungen dann nicht erfüllen können? Müssen Sie das dann immer so einhalten? Diese Fragen sind irreführende Scheinfragen. Denn die Bedürfnisse Ihrer Katze sind ja immer da, egal ob Sie Rituale einführen oder nicht. Ihre Katze ist also auch dann potenziell enttäuscht, wenn Sie keine Rituale haben und Sie nicht mit ihr spielen, obwohl sie in Stimmung wäre.

Eine andere und sehr wertvolle Seite von Ritualen besteht darin, dass sie Erwartungssicherheit schaffen. Und diese Erwartungssicherheit kann zu mehr Ruhe und Entspannung für alle Beteiligen führen. Ohne Rituale reagiert eine spielbegeisterte und latent unterforderte Katze oftmals auf jede Bewegung ihres Menschen. Sobald er aufsteht, ist sie ganz aufgeregt zur Stelle: „Spielen wir jetzt? Spielen wir jetzt?" Oder sie kommt alle fünf bis zehn Minuten vorbei und schaut ihren Menschen an und mauzt und versucht ihn davon zu überzeugen, dass JETZT der richtige Moment zum Spielen gekommen ist. Weil für diese Katze völlig unklar ist, ob und wann mit ihr gespielt wird, verhält sie sich ein wenig wie eine halb hoffnungsvolle, halb verzweifelte Spielsüchtige, die darum bangt, ob sie heute noch einen „Spielrausch" erleben darf. Die unstrukturierte Situation führt somit leicht zu andauernder und starker Erregung, mit viel Raum für Frustration und Unsicherheit. Lernt die gleiche Katze jedoch durch konsequente Rituale, dass sie sich darauf verlassen kann, dass und wann mit ihr gespielt wird, kann sie sich leichter entspannen. Sie kann verstehen: „Wenn mein Mensch sich jetzt an den Tisch setzt, dann passiert mindestens 20 min lang gar nichts. Aber wenn er anschließend aufsteht und kurz im Bad war, dann geht es los. Bis dahin kann ich mich allein vergnügen." Das setzt natürlich voraus, dass die Dauer bis zur Bedürfnisbefriedigung nicht auf die Spitze getrieben wird, sondern stattdessen frühzeitig Angebote gemacht werden, z.B. durch Futter- oder Erkundungsbeschäftigungen, wenn man selbst noch keine Zeit für interaktives Spiel hat.

Aber auch für schwer zu bespielende Katzen können zeitliche Spielrituale förderlich sein. In diesem Fall geht es nicht darum, einer überdrehten Katze zu mehr Ruhe zu verhelfen. Sondern im Gegenteil darum, eine latent untertourig fahrende Katze wie automatisiert in Spielstimmung kommen zu lassen. Wenn Sie über einen längeren Zeitraum Ihre eher passive Katze immer zur gleichen Zeit (im Tagesablauf) für einige Minuten in ein Lauerspiel verstricken können, dann besteht die Chance, dass eine klassische Konditionierung erfolgt im Sinne von „Immer, wenn mein Mensch nach dem Kochen aus der Küche kommt, tauchen spannende Beutetiere im Wohnzimmer auf." Entwickelt Ihre Katze durch die schlichte Verknüpfung des Ablaufs mit von Ihnen präsentierter Unterhaltung eine spielspezifische Erwartungshaltung, kann das leicht dazu führen, dass ihre Offenheit für Spielangebote nach und nach größer wird. Dann wird sie leichter und aktiver auf Ihre Spielangebote eingehen, so dass vielleicht irgendwann sogar etwas mehr drin ist als immer nur ausgiebige Lauerspiele (gegen die dennoch wirklich nichts spricht!).

Ortsrituale

Solche Konditionierungseffekte können besonders leicht auch ortsgebunden entstehen. Wenn Sie immer im gleichen Zimmer spielen, kann dieses Zimmer aus Katzensicht ein „Spielzimmer" werden, in dem sie leichter in Schwung kommt. Innerhalb eines Zimmers kann ein bestimmter Bereich, z.B. ein großer Teppich, zur Spielzone werden. Hält sich die Katze auf dem Teppich auf, wird sie gleich etwas wacher und unternehmungslustiger als sonst. Für schwer bespielbare Katzen bietet das also die Möglichkeit, über Ortsrituale die Spielbereitschaft langfristig zu fördern.

Zentral ist dieser Punkt aber besonders für hibbelige Actionkatzen, die nur schwer zur Ruhe kommen. Denn umgekehrt gilt natürlich: Wo viel gespielt wird, steigt die Erregung und damit wird Entspannung dort schwieriger. Wenn Sie mit so einer Katze zusammenleben, können Sie konsequent Ruhezonen und Actionzonen etablieren. Wann immer Sie Ihrer Katze Beschäftigung anbieten, tun Sie das in einer der Actionzonen. Beginnt sie alleine zu spielen, lotsen Sie sie nach Möglichkeit ebenfalls in die Actionzone, so dass sie dort weiterspielt (z.B. indem Sie ein Solitärspielzeug dorthin fliehen lassen). Und gleichzeitig achten Sie darauf, dass in den Ruhezonen, i.d.R. Sofa und Bett (vielleicht Schlafzimmer insgesamt) ausschließlich entspannende Interaktionen mit ihrer Katze stattfinden. Hier wird ruhig beieinander gesessen oder innig gekuschelt, Beobachtungsaktivitäten sind erlaubt. Kann Ihre Katze dort gerade nicht entspannen, lenken Sie sie um auf eine Beschäftigung in einer der Actionzonen. So werden die Ruhezonen Ihrer Katze mit der Zeit helfen, sich dort leicht und schnell zu entspannen, weil diese Orte systematisch mit Ruhe und Entspannung verknüpft sind.

Und was folgt daraus wiederum für Ihre schwer bespielbare Katze, die vermutlich von alleine zahlreiche Ruhezonen etabliert hat? Nutzen Sie für Spielangebote die Momente, in denen sie ihre Ruhezonen kurz verlässt!

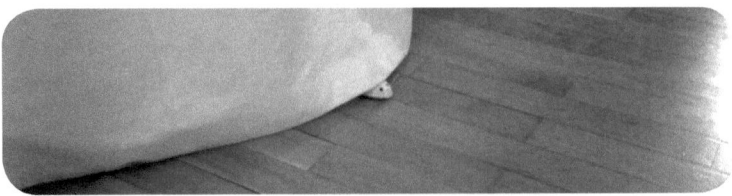

Sicheres Spielen

Wie so vieles im Leben gehört auch das Katzenspiel zu den Aktivitäten, die viel Spaß und Freude bereiten können, aber auch mit gewissen Risiken einhergehen. So manche Gefahr wird vielen Halterinnen erst bewusst, wenn die Katze bereits in den Brunnen gefallen ist. Das muss nicht immer gleich, kann aber durchaus dramatische Folgen haben. Aus diesem Grund finden Sie in diesem Kapitel nun Hinweise zu Risiken und unerwünschten Nebenwirkungen von Spiel. Durch einen bedachten und individuell an die jeweilige Katze angepassten Umgang können Sie diese Risiken minimieren und sich so gemeinsam mit Ihrer Katze beim Spiel entspannen und erfreuen.

Mögliche Gefahren und Risiken

- Fressen / Belecken / Beknabbern des Spielzeugs
    - \> Verheddern von Schnüren im Darm
    - \> Unverdauliches / Verstopfung
    - \> innere Verletzungen
    - \> Verletzungen im Maul
    - \> Aufnahme giftiger Stoffe
    - \> Verletzungen an scharfkantigen Elementen
- schlimmes Verheddern von Gliedmaßen und Körper in Schnüren und Bändern (z.B. von Spielangeln oder Wollknäueln)
    - \> Verletzungen an den Gliedmaßen
    - \> Strangulationsgefahr
    - \> hohe Gefahr von Panik
- Verletzung bei Sprüngen und Sprints
- Schmerzen durch zu viel Bewegung, z.B.
    - \> Muskelkater
    - \> Überlastung von Gelenken mit Arthrose
    - \> Überlastung bei Herzproblemen (mögliches Indiz: Hecheln schon nach kurzer Anstrengung)

Sicheres Spielen

Gefahrenprävention

Wenn Sie einige Grundregeln beherzigen und aufmerksam sind, können Sie Ihre Katze vor vielen Gefahren schützen:

- Spielen Sie gemeinsam mit Ihrer Katze bzw. beaufsichtigen Sie sie nebenher, wenn sie alleine vor sich hin spielt.
- Finden Sie durch Beobachtung heraus: Wie geht meine Katze …
    > … mit Spielzeugen allgemein bzw.
    > … mit Spielzeugen aus bestimmten Materialien um?
- Wählen Sie die Spielzeuge entsprechend individuell angepasst aus. Für interaktives Spiel, bei dem Sie den Kontakt mit dem Spielzeug leichter steuern und „überwachen" können, können Sie dann andere Spielzeuge zum Einsatz bringen als solche, die Sie Ihrer Katze für Solitärspiel anbieten.
- Räumen Sie „Gefahrgut" nach dem Spiel weg, so dass es nicht mehr in Reichweite Ihrer Katze ist.
- Beginnen Sie interaktives Spiel mit einer ruhigeren Aufwärmphase für Muskeln und Gelenke, bevor Sie Ihre Katze zu wilden Rennereien und Sprüngen verführen.
- Wenn Ihre Katze bislang wenig gespielt hat und Sie sie gerade ans interaktive Spiel heranführen: Geben Sie ihr Zeit, behutsam Kondition aufzubauen. Bauen Sie kleine Pausen oder ruhige Spielphasen in das gemeinsame Spiel ein, auch wenn Ihre Katze vor Begeisterung aus dem Häuschen ist und nur noch herumspringen möchte.
- Passen Sie Spielart und -dauer an den Gesundheitszustand Ihrer Katze an. Lauerspiele und Stocherspiele sind oftmals auch für solche Katzen gut geeignet, denen einige Bewegungen Schmerzen bereiten.
- Denken Sie bei der Auswahl von Spielzeugen daran, dass Ihre Katze mit diesen in sehr engen Kontakt kommt, sie mit den Pfoten und dem Maul berühren wird. Achten Sie entsprechend auf gut gearbeitete Produkte oder aus sicheren Materialien Selbstgebasteltes. Wählen Sie Spielzeuge aus Materialien, die nicht bzw. möglichst wenig mit Schadstoffen …

... belastet sind. Wenn Sie ein Bällchen für Ihre Katze filzen: Mit was für Farben wurde die Filzwolle gefärbt? Können Sie Ihre Katze bedenkenlos darauf herumkauen lassen?

Fragen Sie gerne mal bei den Herstellern nach, woher die Federn oder Fellmaterialien an den Spielzeugen stammen. Wie wurden sie bearbeitet? Sind die verwendeten Stoffe ökologisch und gesundheitlich unbedenklich?

Es ist oft schwierig, an diese Informationen zu kommen. Je mehr Halter jedoch diese Themen ansprechen und nachbohren, desto besser stehen die Chancen, dass wir in einigen Jahren mehr qualitativ hochwertige Produkte erwerben können.

Es gibt bereits Online-Shops, die ausschließlich ökologisch und gesundheitlich unbedenkliche Spielzeuge in ihr Sortiment aufnehmen.

Viel Vergnügen

Viel Vergnügen!

Beim Lesen dieses Buches haben Sie sich intensiv mit dem Thema „Spiel und Beschäftigung" auseinandergesetzt. Sie haben Einblicke bekommen, wie sich Jagd und Spiel aus Sicht Ihrer Katze darstellen.

Meiner Erfahrung nach ist es wirklich hilfreich, im Zusammenleben mit Katzen auf fundiertes Hintergrundwissen zurückzugreifen und im Alltag umsichtig und bedacht mit ihnen umzugehen. Je mehr wir über diese Tiere wissen, mit denen wir unser Leben teilen, je besser wir verstehen, was ihnen wichtig ist, weil sie eben Katzen und keine Menschen sind, desto harmonischer und erfüllter kann die Beziehung zwischen Katze und Mensch und desto zufriedener können die Katzen werden.

Das bedeutet allerdings nicht, dass Sie jede einzelne Ihrer Handlungen planen, kontrollieren und kritisch überprüfen sollten. Im Gegenteil: Je mehr Katzenwissen Sie sich aneignen, desto entspannter können Sie sich auf Ihre Intuition verlassen. Intuition nutzt Wissen, das im Gehirn verankert ist, ohne dass Sie sich dieses erst bewusst machen müssen. Natürlich dürfen Sie nachdenken, wenn Sie mit Ihrer Katze spielen. Und gerade am Anfang, wenn Sie neue Spielstrategien ausprobieren und vielleicht alte Gewohnheiten ablegen wollen, werden Sie wahrscheinlich sogar sehr viel über Ihre Spielangebote nachdenken und diese recht konzentriert ausführen. Aber nach und nach kann Ihnen das in Fleisch und Blut übergehen. Und dann können die Spielrunden mit Ihrer Katze auch für Sie einen stärker vergnüglichen Charakter entwickeln. Statt „Pflichterfüllung" oder „Arbeit" bedeutet Spiel mit Ihrer Katze dann hoffentlich auch für Sie Spaß und Erholung.

Ich wünsche mir, dass Sie mit Hilfe dieses Buches neue Ideen und Anregungen entwickeln für die Beschäftigung Ihrer Katze, und drücke Ihnen die Daumen, dass Ihre Katze zumindest einen Teil dieser Ideen begeistert aufnimmt.

Alles Gute für Sie und Ihre Katze,

Christine Hauschild mit Monty

Literatur

Literatur

Beck, Elisabeth: Wer denken will, muss fühlen. Kynos, 2010.

Bekoff, Marc: Das Gefühlsleben der Tiere. Animal Learn Verlag, 2008.

Bekoff, Marc : Social Play Behaviour. In: Journal of Consciousness Studies, 2001

Beaver, Bonnie V.: Feline Behavior – A Guide for Veterinarians. Saunders, 2003.

Bradshaw, John: Cat Sense – the feline enigma revealed. Penguin Books, 2013.

Bradshaw, John et al: The Behaviour of the Domestic Cat, Cabi, 2012.

Ellis, Sarah / Sparkes, Andy: ISFM Guide to Feline Stress and Health – Managing negative emotions to improve feline health and wellbeing. International Cat Care, 2016.

Fitzgerald, Mike / Turner, Dennis: Hunting behaviour of domestic cats and their impact on prey populations. In: Turner, Dennis / Bateson, Patrick: The Domestic Cat – The biology of its behavior. Cambridge University Press, 2000. 2. Auflage, S. 151-176.

Flindt, R.: Biologie in Zahlen. Eine Datensammlung in Tabellen mit über 10000 Einzelwerten. Gustav Fischer Verlag, Stuttgart, 1995

Gray, Peter: The Value of Play. In: www.psychologytoday.com, 2008

Hauschild, Christine: Katzenhaltung mit Köpfchen. BoD, 2012.

Held, Suzanne D.E. / Spinka, Marek: Animal Play and Animal Welfare. In: Animal Behaviour (81), 2011.

Leyhausen, Paul: Katzen - eine Verhaltenskunde. Paul Parey, 1982.

Leyhausen, Paul: Katzenseele – Wesen und Sozialverhalten. Kosmos, 2005.

McMillan, Franklin: Mental Health and Well-Being in Animals. Blackwell Publishing 2005.

Panksepp, Jaak: Science of the Brain as a Gateway to Understanding Play. In: American Journal of Play, Winter 2010.

Panksepp, Jaak: Affective consciousness: Core emotional feelings in animals and humans. In: Consciousness and Cognition, 2005.

Pellis, Sergio / Pellis, Vivian: The Playful Brain. Venturing to the Limits of Neuroscience. Oneworld Book, Oxford, 2009.

Ruthenfranz, Sabine: Katzenpflanzen. BoD, 2016.

Stanton, Lauren Ashley / Sullivan , Matthew Stephen / Fazio, Jilian Marie: A standardized ethogram for the felidae: A tool for behavioral researchers. Applied Animal Behaviour Science 173, S.3–16, 2015.

Turner, Dennis / Bateson, Patrick: The Domestic Cat – The biology of its behavior. Cambridge University Press, 2000. 2. Auflage.

Anhang

Typische Beutetiere der Katze - Größensilhouetten

Es ist zu beachten, dass die Bandbreite natürlich größer ist als dargestellt. So gibt es viele verschiedene Vogelarten unterschiedlicher Größe. Das gleiche gilt für Mäuse. Herangezogen wurden hier exemplarisch die Hausmaus und die Meise, Laubfrosch, Stubenfliege, Zitronenfalter und die Waldeidechse.

Anhang

Über die Autorin

Über die Autorin

Christine Hauschild lebt mit ihrem Kater in Hamburg. Sie betreibt dort die Katzenschule Happy Miez und berät Halter in allen Fragen rund um die Katze. Neben Hausbesuchen bietet sie auch telefonische Beratungen an.

Zusätzlich zu ihrer Arbeit als Verhaltensberaterin und Autorin gibt sie regelmäßig Katzenseminare für Katzeninteressierte, u.a. zu den folgenden Themen:

- Stubentiger – Anregungen für ein spannendes Katzenleben
- Stille Örtchen für Stubentiger (Unsauberkeit)
- Spannungen im Mehrkatzenhaushalt
- Katzenerziehung: Musterschüler auf vier Pfoten
- Clickertraining für Katzen – Einsteiger- und Vertiefungsseminare
- Tierarzttraining mit Katzen
- Sicherheit für scheue Katzen
- Katzenzusammenführung mit Herz und Verstand

Außerdem bietet sie Fortbildungsseminare für (angehende) Katzenpsychologinnen an. Seit Anfang 2017 bilden drei umfassende Lehrskripte von Christine Hauschild zum Thema Katzenverhaltenstherapie einen zentralen Teil des Lehrgangs „Katzenpsychologie" an der Akademie für Tiernaturheilkunde (ATN).

Nähere Informationen über die Arbeit von Happy Miez und die Seminare sowie das Angebot eines Newsletters finden Sie unter

http://www.mobile-katzenschule.de

Zum Weiterlesen

Zum Weiterlesen

Katzenzusammenführung
mit Herz und Verstand

Christine Hauschild

Tierarzttraining für Katzen

Einfühlsam und spielerisch zu mehr Gelassenheit

Christine Hauschild

Besuchen Sie auch www.mcmiez.de!